CONTENTS

Success15 12

http://success.waseda-ac.net/

サクセス15
December 2021

05 仮想の世界をのぞいてみよう
自宅で楽しめる 身近になったVR

27 やってきた
スピーキング重視時代

30「withコロナ入試」再び

12 Special School Selection
東京都立西高等学校
表紙：同校「記念祭（文化祭）」

20 私立高校WATCHING
明治大学付属中野高等学校

24 ワクワクドキドキ 熱中部活動
足立学園高等学校 理化部

63 その研究が未来を拓く
研究室にズームイン
日本にまつわる
史料を収集し
史料集を編纂・刊行する
東京大学史料編纂所 本郷 和人 教授

Regulars

34 受験生のための明日へのトビラ
36 突撃スクールレポート
立正大学付属立正高等学校
春日部共栄高等学校
40 スクペディア
共栄学園高等学校
日本大学高等学校
46 入学願書は合格への第1歩
48 高校受験質問箱
52 レッツトライ！ 入試問題
56 帰国生が活躍する学校
成蹊高等学校
58 中学生の未来のために！
大学入試ここがポイント
60 東大入試突破への現代文の習慣
72 現役東大生に聞きました
母校の魅力
早稲アカ大学受験部の魅力
日比谷高 編
74 こちら東大はろくま情報局
76 キャンパスデイズ十人十色
81 耳よりツブより情報とどきたて
82 マナビー先生の最先端科学ナビ
84 なぜなに科学実験室
88 中学生のための経済学
89 ピックアップニュース！
90 思わずだれかに話したくなる
名字の豆知識
92 ミステリーハンターQの
タイムスリップ歴史塾
93 サクセス印のなるほどコラム
94 中学生でもわかる
高校数学のススメ
98 Success Book Review
99 サクセス映画館
100 解いてすっきり パズルでひといき
102 読者が作る おたよりの森
103 編集後記

〔11月・12月受験：国際生入試〕

	第1回〈AG〉	第2回〈AG〉	本科・SG回
試験日	11/3(祝)8:30	12/13(月)8:30	12/14(火)8:30
募集コース	インターナショナルAG		本科/インターナショナルSG

〔1月受験：推薦入試〕

	単願推薦入試／併願推薦入試(埼玉県・千葉県・茨城県生)
試験日	1/22(土)8:30
募集コース	本科/インターナショナルSG

〔2月受験：一般入試〕

	一般入試／併願優遇入試(東京都・神奈川県生)	
試験日	2/10(木)8:30	2/14(月)8:30
募集コース	本科/インターナショナルSG	本科/インターナショナルSG/インターナショナルAG

広尾学園小石川 高等学校

HIROO GAKUEN KOISHIKAWA Senior High School

東京都文京区本駒込2-29-1
TEL.03-5940-4187
FAX.03-5940-4466

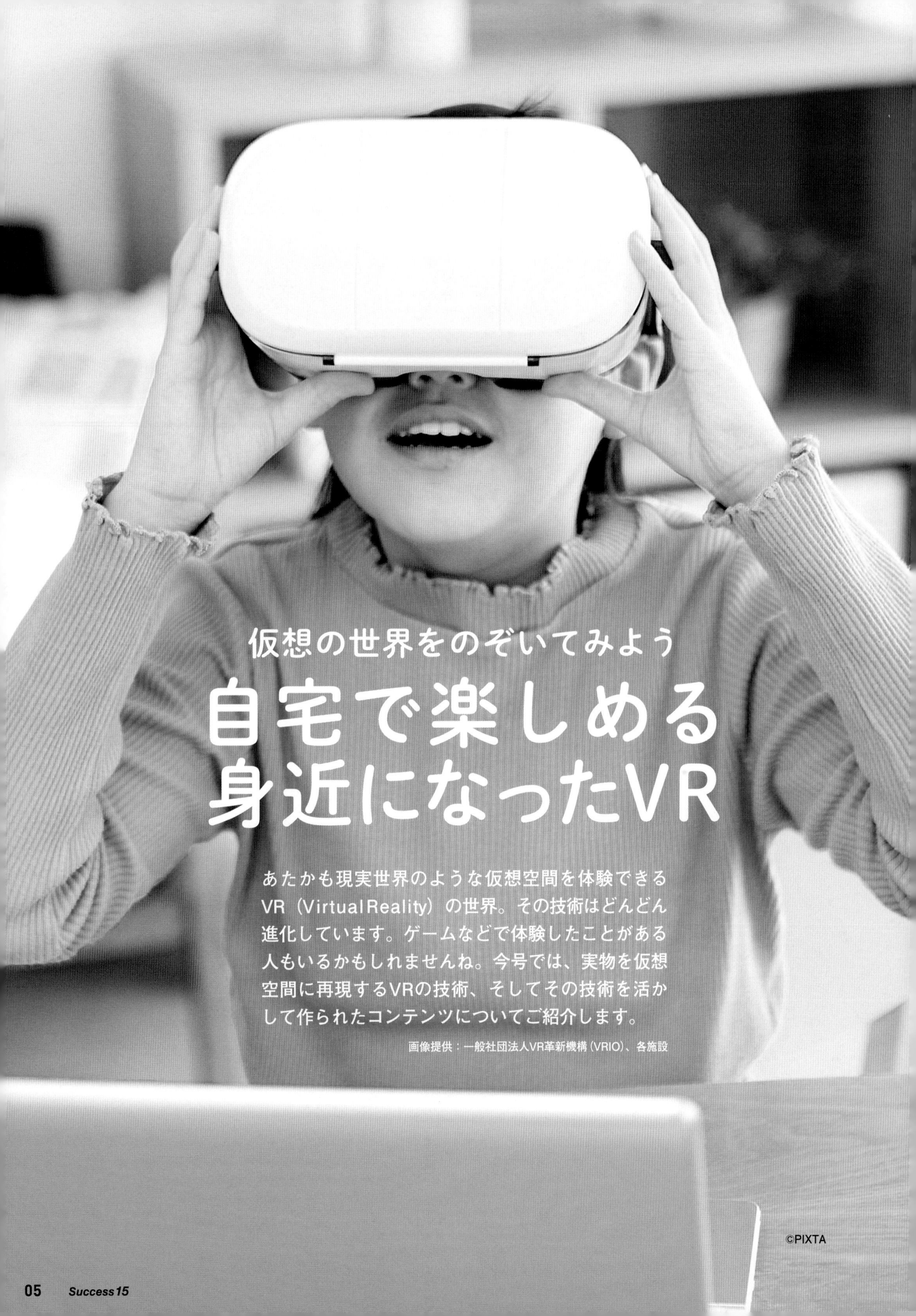

仮想の世界をのぞいてみよう

自宅で楽しめる身近になったVR

あたかも現実世界のような仮想空間を体験できるVR（VirtualReality）の世界。その技術はどんどん進化しています。ゲームなどで体験したことがある人もいるかもしれませんね。今号では、実物を仮想空間に再現するVRの技術、そしてその技術を活かして作られたコンテンツについてご紹介します。

画像提供：一般社団法人VR革新機構（VRIO）、各施設

©PIXTA

様々なことを可能にするVR

VRと聞くと、なにか大がかりでなじみのないものというイメージを抱く方もいるかもしれません。しかし、現在では身近な場面で活用されている例も増えています。

画面越しで体験できる仮想の世界

みなさんはVRという言葉を聞いたことがあるでしょうか？ これはVirtual Reality の頭文字をとったもので、日本語では「仮想現実」と訳されるのが一般的です。

インターネット上やゲームソフト上に再現、もしくは構築された仮想の世界に入り込めるのが特徴で、現在は家庭でも楽しむことができるようになっています。

専用のゴーグルやヘッドセットをつけて臨場感たっぷりに楽しむコンテンツが多い一方、パソコンやスマートフォンの画面を通して気軽に楽しめるものもあります。

ゴーグルを使ったVRの場合、画面が左右2つに分かれていて、右目用と左目用で異なる映像が流れています。そして、自分の目の動きに合わせて映像が動くので、あたかもそこにいるような体験ができるという仕組みです。ゴーグルなしで楽しむ際は、マウスを動かしたり、デバイス（端末）自体を傾けたりすることで視点を動かすことができます。

今回は、自宅にいながら多彩な体験を可能にするVRの技術について、一般社団法人VR革新機構（VRIO）の代表理事・横松繁さんにお話

＼今回お話を伺った／

横松繁さん

一般社団法人
VR革新機構（VRIO）
代表理事

非常時の備えに

を伺いました。横松さんは、現地に出向いて施設などを撮影し、それをインターネット上に再現することで、自宅でも楽しむことができるVRコンテンツを制作されています。

「私たちはVR推進団体として、VRの普及や技術の向上に努めています。より多くのみなさんにVRを知ってもらうため、いままで100カ所近くの施設を撮影してきました。そのほとんどが無償でのボランティア撮影です。

また、もともとカメラマンが集まってできた団体ということもあり、実写にこだわって作品を作っているのが特徴です」（横松さん）

教育業界や介護業界でも活用の場が広がる

シミュレーションゲームなどでの使用で広く知られるVRですが、現在ではそれ以外にも活用の場がどんどん増えています。

「例えば、コロナ禍で校外に出向く活動が制限されてしまった学校教育の現場では、『VR社会科見学』や『VR修学旅行』の需要が高まっています」と横松さんが話されるように、学習教材としても利用され始めているのです。現地への旅行ができるようになってからも、事前学習などに利用することが検討されているのだといいます。

また、介護施設では足腰の機能が低下したお年寄りが、歩行訓練などを行っています。遠くへ旅行するのは体力的に難しいという場合も、VRを使用して遠方に行ったかのような体験をすることが可能です。

そのほか、施設の避難経路の確認や警備配置の決定に際して、VRを利用すれば現地に行かなくても施設内部の様子を見て判断することができます。「震災時など、初めてその建物に来た救助隊に『3階の奥のトイレ』と言っても、イメージしにくいですよね。でも、事前にVRで建物の内部構造を共有しておけば、スムーズに救助にあたりやすいというわけです」（横松さん）

様々な場所で、幅広い用途に使用されているVR。次ページ以降では、VRコンテンツをどうやって制作していくのか、また横松さんたちがどのような施設を撮影してきたかなどをご紹介していきます。

実物を仮想空間に！その方法とは？

VRが私たちの身近な存在になったとはいえ、どのようにVRのコンテンツが作られているのかは、みなさんも想像がつかないのではないでしょうか。そこで横松さんに撮影・制作について伺いました。

360度の写真を撮りスキャニングも

使用するのは特殊なカメラ。中距離、短距離を撮れるレンズが、計6つ搭載されています。このカメラを三脚にセットし、iPadで操作すると……なんとカメラがぐるぐると回転し、一度に360度すべての景色を写真におさめることができます。

「少しずつ位置（ポイント）を変えながら撮影を続けていきます。それらの写真を数多く組みあわせて1つのコンテンツを作っているといえばイメージしていただけるでしょうか」と話す横松さん。

このような方法をとっているため、死角がなくなり、上下左右、どの景色でも逃すことなく撮影できるそうです。

ただ、横松さん制作のコンテンツは、その空間に入り込んだかのような立体的なものです。写真を撮るだけで作れるとは思えませんが……。

「じつはカメラに赤外線センサーがついているんです。このセンサーで約2mの範囲をスキャニングします。スキャニングすることによって、ものの大きさや形、その位置を把握することが可能になり、よりリアルに再現することができます。

なお、センサーでスキャニングするのは屋内のみで、屋外ではレーザーを搭載したカメラを使います。レーザーでは、約20mの範囲をスキャニングできるんですよ」（横松さん）

撮影時に気をつけているのは、見る側の視点。通常であれば、三脚を150cmほどの高さにセットしますが、幼い子どもたちが見るものであれば80cmの高さで、車イスの方々であれば110cm、と見る方々の視点の高さに合わせることも。

そのほか、例えば3mもの巨大な展示物を撮影した際は、色々な高さで撮り、普段は見られない高さの視点で鑑賞可能というVRならではの楽しみ方ができるようにしたそうです。

撮影終了後はデータをクラウド上にアップ。するとAI（人工知能）がデータを組みあわせてくれます。

「データを組みあわせてコンテンツを作る作業はAIが行いますが、どのポイントから撮影すればよりよいものができあがるかを考えるのは我々の役目です。コンテンツの完成形を想像し、そしてなによりも見る方々に楽しんでもらえるようなコンテンツにするという思いを忘れずに撮影しています」（横松さん）

国立科学博物館（東京）

東京・上野にある国立科学博物館。日本館と地球館があり、充実した展示を行っています。横松さんは、両館合わせて約1500ポイントでカメラを回し撮影を行ったそうです。コンテンツの効果は絶大で、公開後、ホームページのアクセス数が過去最高になったといいます。

©VR革新機構　　提供：国立科学博物館
https://vrio.jp/2021gw.html

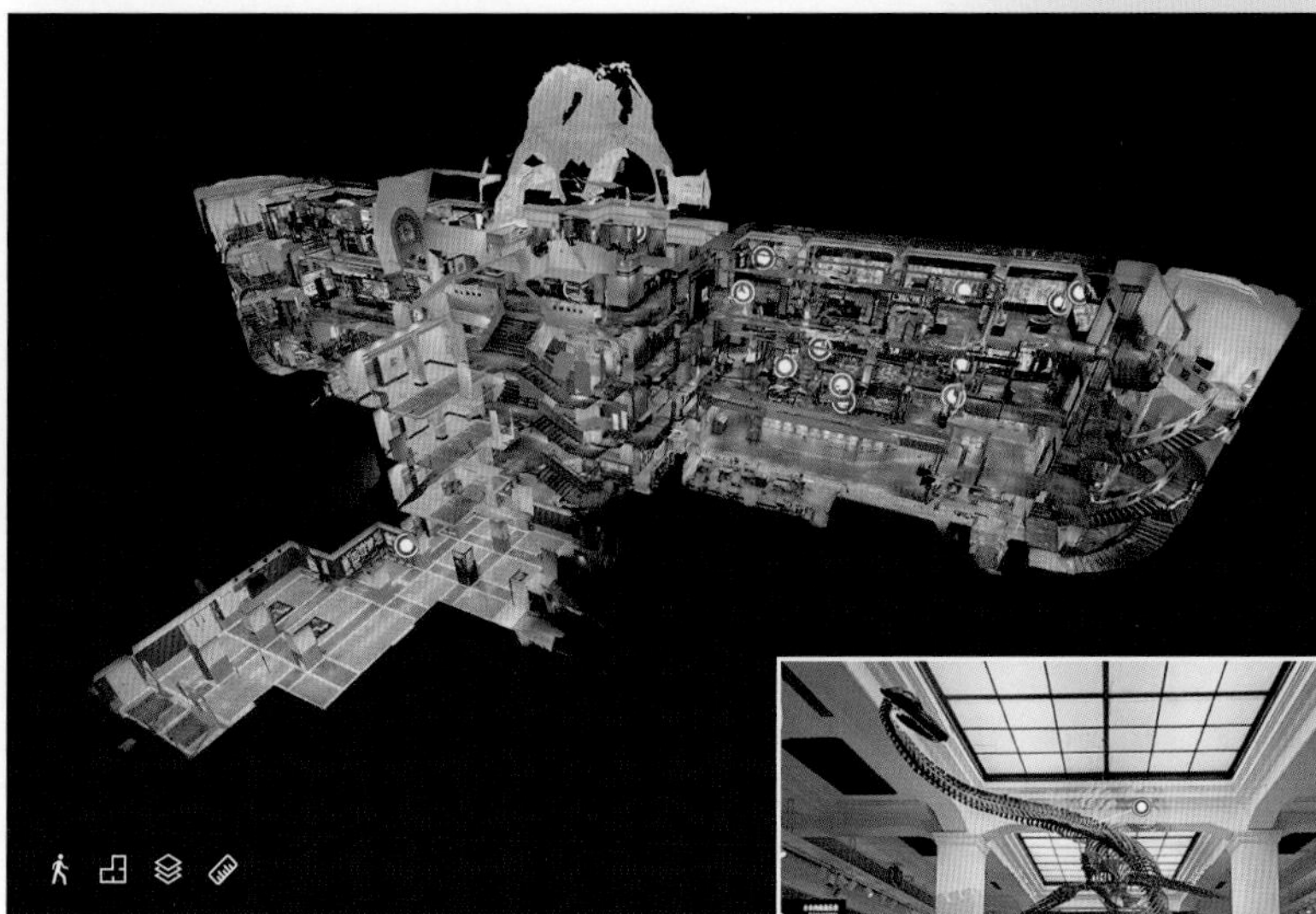

日本館

㊤は3DCGで作られたドールハウスと呼ばれるもの。建物の構造がよくわかります。パソコンやタブレットなどを操作すれば、自由に動かすことができ、色々な角度から楽しめます。

そして、みなさんが「この階が見たい！」と思ったら、自由にその階に入り込むことも可能。建物のなかは、右ページでご説明した写真を組みあわせて作られたVRコンテンツですから、様々な角度、距離から展示物を見ることができます。3階北翼展示室ではフタバスズキリュウの復元骨格がみなさんを出迎えてくれ、2階北翼展示室では日本人の歴史を楽しめます。

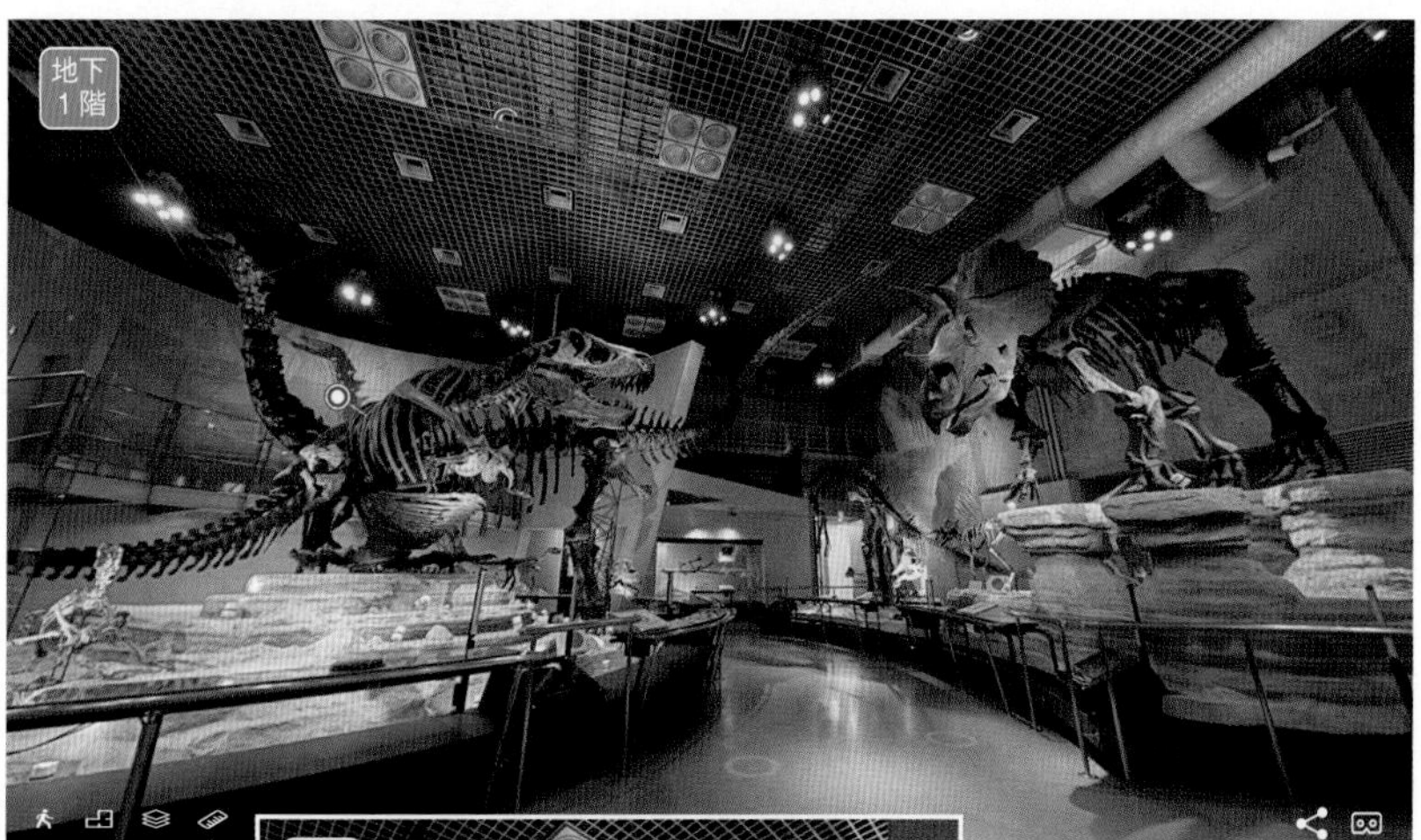

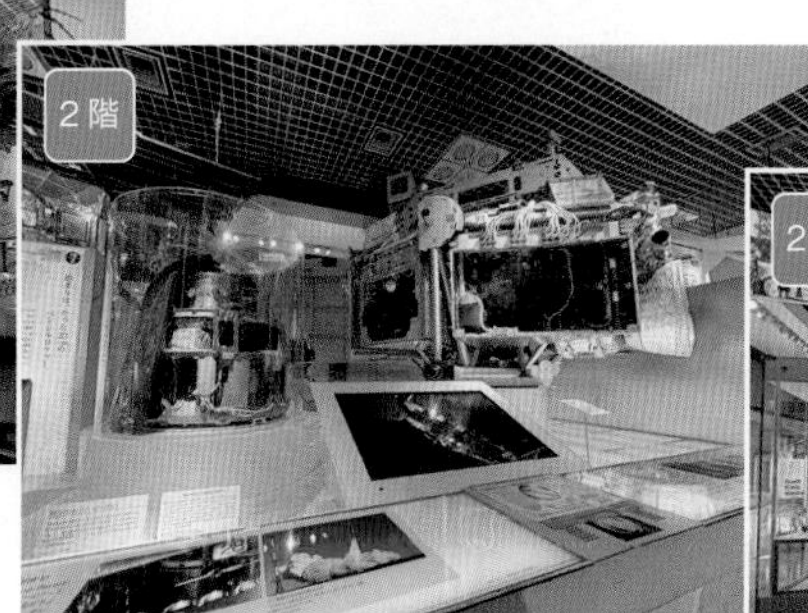

地球館

地球館ものぞいてみましょう。こちらには地球環境の変動と生物の進化（地下1、2階）や乗りものや宇宙にまつわる科学と技術の歩み（2階）を伝える展示室があります。画像でも迫力がある恐竜の骨格標本。「実物はどんな大きさなんだろう」と思った方は、矢印が示す定規の形をしたボタンを押してみてください。その大きさを計測することができますよ。

そして違う階を見てみたいと思ったら天井や床を通り抜けて移動することも可能です。これはVRと3DCGを組みあわせているからこそ実現していることなんだとか。その不思議な体験をみなさんもぜひ楽しんでください。

その他のコンテンツ

国立博物館以外にも、横松さんは多様な施設のVRコンテンツを制作しています。そのなかからいくつかご紹介しましょう。

©VR 革新機構　提供：各施設
https://vrio.jp/2021gw.html

パシフィコ横浜（神奈川）

5000席もある広大なホール。舞台に立つ気分を味わうことも、客席から舞台がどんなふうに見えるかを確認することも可能。美しいステンドグラスも目の前に！

葛西臨海水族園（東京）

色とりどりの魚がいる水槽を独り占めできるのはVRならでは。水槽を上から見ることができるキャットウォークだって通れますよ。

水俣市立水俣病資料館（熊本）

水俣病については、みなさんも教科書などで勉強したことがあるでしょう。展示物をじっくり見ながら、資料館を訪れた気分で学習できますね。

日本銀行本館（東京）

銀行券（紙幣）を発行する日本銀行。その荘厳な佇まいに思わず襟を正してしまいそうです。地下金庫も見ることができるなんて、ドキドキしませんか。

夢の島熱帯植物館（東京）

夢の島熱帯植物館は、多様な熱帯植物を楽しめる施設です。勉強の合間に、緑あふれる空間を訪れてリフレッシュしてみてはいかがでしょう。

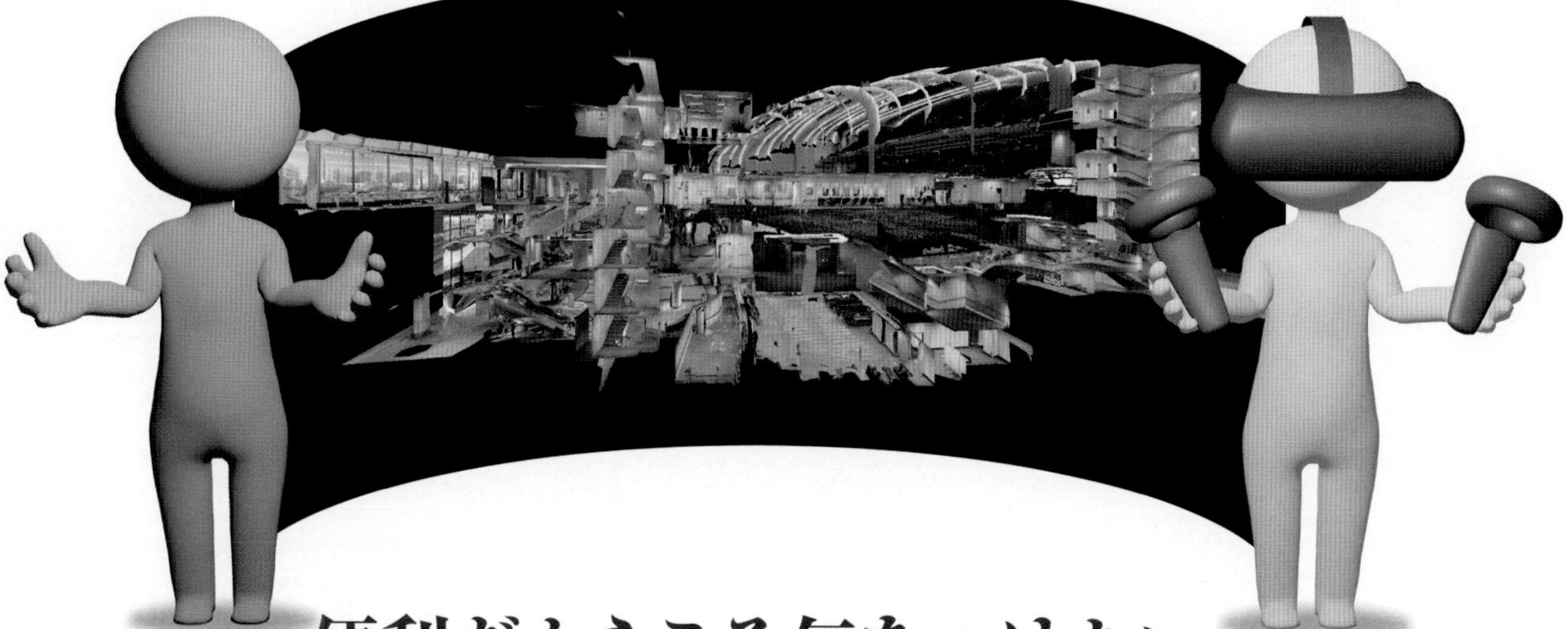

便利だからこそ気をつけたい VRとのつきあい方

**VRの技術とともに、AIやデジタル機器自体も開発が進んでいます。
より便利に、そして身近になっていく
最新技術とのつきあい方についても考えてみましょう。**

今後ますます、みなさんにとって身近なものになっていくであろうVR。最近では、VRとAIを組みあわせた「デジタルツイン」という技術も注目されています。

「デジタルツインというのは、現実世界にある空間や人のデータを収集し、それをデジタルの世界に複製するというものです。例えば、工場全体をスキャニングし、そこで働く人には一定期間、センサーをつけて動きを調べます。それらをデジタル空間に再現してAIに予測をしてもらうことで、起こりうるミスを防ぐなど効率化を図ることができます」（横松さん）

ほかにも、スポーツ選手のデータから予測して怪我や故障を避けるなど、様々な用途が考えられます。とても便利なものに思えますが、取り扱いには注意も必要なのだとか。

「AIが動きを予測する自分の『アバター』ができるということなので、極端なことをいえば、自分が死んでもアバターは動き続けることが可能です。そう考えると、ちょっと怖く感じませんか？　こうした倫理的な問題をよく考えたうえで、活用を進める必要があります」と横松さん。

技術が進化すればするほど、可能になることは増えますが、それは悪用されないとも限りません。情報をしっかりと取捨選択し、正しく利用することが重要です。

message

積極的に情報を集めて 自分で判断できる力をつけよう

中学生のみなさんにお伝えしたいのは、どんな分野においても情報を広く集めて、自分で判断できるようになっておいてほしいということです。仮想の世界でもリアリティーのある体験ができるようになるにつれて、現実との境目が少しずつあいまいになっていくかもしれません。進化し続ける技術を「うまく使う」ためにも、日ごろから色々な情報を集めるようにしましょう。また、実際の建物をVRで再現したとき、ネット上に構築された建物の権利はどこにあるのか？　といった問題も生じています。技術の進歩と合わせて、こうした問題にも真摯（しんし）に向きあう必要があります。

そして最後に、現実の世界で身体を動かしてリフレッシュすることも忘れないでくださいね。

Special School Selection

東京都　杉並区　共学校

東京都立西（にし）高等学校

授業や行事に主体的に臨み将来のいしずえとなる力を養う

「自主自律」の精神で、授業や行事などに能動的な姿勢で臨む生徒が集まる東京都立西高等学校。生徒1人ひとりが色々なことに挑戦できる環境が用意されています。

School data

所在地：東京都杉並区宮前4-21-32
アクセス：京王井の頭線「久我山駅」徒歩10分
生徒数：男子503名、女子470名
TEL：03-3333-7771
URL：http://www.nishi-h.metro.tokyo.jp/

- 3学期制
- 週5日制
- 月・水・木7時限、火・金6時限
- 50分授業
- 1学年8クラス
- 1クラス約40名

3つの教育方針を体現する高校生活

東京都立西高等学校（以下、西高）は、1937年に府立第十中学校として開校しました。その後の変遷を経て、1950年に現校名に改称され、現在にいたります。

西高が育てたい生徒像は「予測困難な時代を生き抜き、豊かな知性・教養、健やかにして自律した個性をもつ、国際社会で活躍できる調和のとれた大きな器の人間」です。

教育方針には「文武二道」「自主自律」「将来を見通した進路指導」が掲げられています。

萩原聡校長先生は「高校時代というのは、自分の生き方を考えていく大切な時期です。大学受験を突破する学力をつける、それだけのためにあるのではありません。非常に大きく成長できる、そして将来にあたっていしずえとなる部分を育てることにつながる重要なときだと思います。大学進学をゴールとするのではなく、自分が将来なにをしたいのかをじっくり考え、それに向けての準備をしなければならないのです。

そのため、本校では『文武二道』を教育方針の1つに掲げています。

萩原（はぎわら） 聡（さとし） 校長先生

生徒には、なにか1つのことだけに打ち込むのではなく、文（学習、教養）と武（行事・部活動、課外活動等）のどちらの道も極めるつもりで学校生活を送るように伝えています。生徒は実践してくれていて、とても忙しい高校生活を送っていますね。そのなかで自分の進路をしっかり考え、志望する大学に合格していく、そんな充実した3年間を過ごせる学校だと感じます」と話されます。

様々な指定を受け 魅力的な教育を展開

進学指導重点校の指定を受けている西高は「授業で勝負」を合言葉に、指定されるにふさわしい授業を行っています。

カリキュラムは、高1、高2は芸術（音楽・美術・工芸）を除き共通履修、高3では、希望する進路に応じて文系、理系に分かれます。高1の英語コミュニケーションの一部、高2の古文、数学、論理・表現（英語）では習熟度別授業が実施されています。

「本校の授業は、ただ教員の話を聞いていればいい、というものではありません。予習をしっかりとしたうえで授業を受け、知識を深めていくものです。数学では、予習のための動画を配信するなど、教員も工夫しています。英語ではディベート、社会では3分間スピーチなど、生徒が意見を発表する機会を豊富に導入しているのも特徴です。

また、三宅島での理科野外実習や研究者の話を聞く機会など、文系、理系を問わず科学的な思考を身につけられるようなプログラムも用意しています。これらは『理数研究校（※1）』としての取り組みです」（萩原校長先生）

さらに西高は「Society5.0に向けた学習方法研究校（※2）」に定められていることから、ＩＣＴ教育も推進しています。校内にはＷｉ-Ｆｉが整備され、タブレット等を活用した授業が積極的に取り入れられています。

※1 理数に興味・関心を持つ生徒の裾野を拡大し、優れた資質・能力を持つ生徒の発掘とその才能を伸ばすため、東京都教育委員会が指定する研究校。2021年度の指定は24校。 ※2 ICTを活用して、Society5.0に不可欠な生徒1人ひとりの資質・能力を最大限伸ばす学習方法を研究・開発しようとしている都立学校。現在の指定は18校。Society5.0とは、サイバー空間（仮想空間）とフィジカル空間（現実空間）を高度に融合させたシステムにより、経済発展と社会的課題の解決を両立する、人間中心の社会。

様々な取り組み

「進学指導重点校」をはじめ、多くの指定を受ける西高。ICT機器を活用した授業や理数教育、国際教育など、様々な取り組みで生徒の力を伸ばします。

アメリカでの研修

三宅島での理科野外実習

タブレットを使った授業

オンライン英会話

土曜日に開講しているオリジナルの「土曜特別講座」も特色です。例えば、「国語：古典は基本よ　いつでもどこでも　何度でも　篇」「公民：世界を見てきた商社マンと共に考える」「美術：油絵講座（初心者向）」「家庭：現代の食文化と健康ー西高生の食とからだづくりー」などがあります。

長期休暇中の講習も充実しており、「夏期講習」では例年、80講座近くが開かれます。

めざすは英語で意見を伝えられること

西高は「東京グローバル10（※3）」として国際理解教育にも力を入れる学校です。

萩原校長先生は「大切なのは、英語でも自分の意見や考えを伝えられるようになることだと考えています。ですから、高1からディベートを取り入れ、さらに高2からはネイティブスピーカーの講師と1対1で話すオンライン英会話を月に1度実施しています。オン

※3　グローバル・リーダー育成を推進する都立学校。現在の指定は10校。

ライン英会話はただ会話を楽しむというものではなく、授業で書いたエッセイなどを発表し、それについて受けた質問に英語で答えるなど、実践的な英語力を磨くためのものです」と話されます。

海外で学ぶ機会としては、ニューヨークやハーバード大学を訪れるアメリカグローバルリーダーシッププログラム、アメリカ・スタンフォード大学でワークショップに参加するプログラムなどがあります。またインドネシアの学校との交流も行われています。

コロナ禍でも全力の文化祭

お伝えしてきたような授業やプログラムで多様な力を伸ばす西高生。一方で、教育方針「文武二道」を体現し、行事等にも全力で取り組んでいます。その一例として2021年度の記念祭（文化祭）をみてみましょう。

コロナ禍の影響で一般公開はせず、また、高1は1日目、高2は

記念祭（文化祭）

2021年度の記念祭のテーマは「共鳴ー西春（せいしゅん）は鳴り止まないー」。「制限があるなかでも、できることを全力でやる」という生徒たちの熱い思いが感じられる企画、展示であふれていました。

華道部

CR東日本（鉄道研究）

垂れ幕

クラス展示

物理部

化学部

撮影スポット

クラスマッチ

林間学校

その他の行事

記念祭以外の行事も大きな盛り上がりをみせるのが西高です。クラスマッチは6月と3月に2回行われます。

修学旅行

運動会

2日目に登校と、学年を分けて実施されました。例年と異なる形での開催ではありましたが「共鳴―西春（せいしゅん）は鳴り止まない―」をテーマに、各団体の展示や企画、さらに校舎の装飾にも熱が入り、できることを精一杯するという生徒の思いが伝わるものになりました。

　教室に電車の車両やお城の模型を設置したクラス、あらかじめ録画した劇を上映するクラスがある一方、部活動の企画もめだちました。「物理部」や「化学部」は日ごろ行っている実験や取り組みを展示や映像などにまとめて披露し、「CR東日本（鉄道研究）」はジオラマを設置するとともに部員が集めた切符を展示。どの企画も自分たちの作ったもので、ほかの生徒を楽しませたいという思いが伝わってくるものでした。

　2021年度の記念祭も、「勉強だけではなく行事、部活動にも思いきり取り組める」「生徒が主体的に行事を企画、運営できるところが魅力」と多くの生徒が語る西高の校風が表れたものとなったようです。

卒業生から後輩へ伝えられる思い

　充実した高校生活を送れることから、生徒の学校に対する思いは強く、毎年高3は自分たちと入れ替わりに入学する新入生に向けて『飛翔』という冊子を作っています。そこには学校の施設や行事についてなど、学校生活を送るのに有益な情報が数多く書かれ、さらには各授業や先生方に対する生徒の声も多数掲載されます。

　「本校には、自分たちの思いや取り組みの成果を文字にまとめ発行する『出版文化』があります。これは学校全体に浸透しており、『飛翔』もその代表的なものの1つですし、多くの部が日々の活動をまとめた部誌を作成しています。どれも生徒たちが自主的に作っています」と萩原校長先生。

　『飛翔』から上級生から下級生へ、後輩にも満足できる高校生活

進路指導

例年、卒業生がパネリストとなって行われるパネルディスカッション。大学教授、医師など、卒業生はそれぞれの分野で活躍しています。

卒業生によるパネルディスカッション

を送ってほしいという温かい思いが感じられます。こうした思いは卒業後も続き、チューターとして在校生の学習や進路選択をサポートしたり、進路指導の一環として講義やパネルディスカッションを行ったりと、卒業生が様々な形で協力しているのも西高の魅力です。

卒業生による2020年度のパネルディスカッション（高1対象）は「将来を考えるヒント　~私たちが歩んできた道~」をテーマに、1976年卒業の28期生が担当しました。大学教授や医師など6人のパネリストが、それぞれの職業の視点から話をしたそうです。キャリア教育の一環として、生徒たちが将来を考える貴重な場となっています。

進路指導としては『進路ノート』や『進路部便り』『進路のしおり』も配付し、生徒の夢の実現をサポートしています。

学習、学校行事、部活動など、色々なことに取り組むことができ、生徒1人ひとりが輝ける舞台が用意されている西高。最後にどのような生徒さんを待っているのか、萩原校長先生に伺いました。

「様々なことにチャレンジしながら自分の得意分野を見つけてください。そして本をたくさん読み、物事についてじっくり考え、社会に関心を持つ姿勢を身につけましょう。中学校までは与えられたものを学んでいく受動的な学びが中心だったかもしれません。しかし本校では能動的に学ぶ姿勢が求められます。学校生活全般において積極的に色々なことにかかわっていこうという高い意欲を持ったみなさんを待っています」

部活動

運動部と文化部を兼部する生徒も多数いるなど、部活動も活発な学校です。

アメリカンフットボール部

管弦楽部

■2021年3月　大学合格実績抜粋（　）内は既卒

国公立大学		私立大学	
大学名	合格者数	大学名	合格者数
北海道大	16（5）	早稲田大	154（59）
東北大	12（6）	慶應義塾大	87（30）
お茶の水女子大	4（1）	上智大	42（7）
東京大	20（9）	東京理科大	114（60）
東京外国語大	9（1）	国際基督教大	6（0）
東京工業大	13（5）	学習院大	10（7）
東京農工大	7（3）	青山学院大	38（13）
一橋大	17（2）	中央大	123（84）
京都大	21（11）	法政大	50（26）
大阪大	5（2）	明治大	163（80）
九州大	5（1）	立教大	49（26）

写真提供：東京都立西高等学校　※写真は過年度のものを含みます。

サレジアン国際学園高等学校

興奮・歓喜・達成感を味わえる
独自のPBL型授業を展開

『サクセス15』秋増刊号からお伝えしているサレジアン国際学園高等学校の魅力。
今月号では同校で行われるPBL型授業を中心にご紹介します。

21世紀に活躍できる世界市民を育成する

2022年4月より校名変更、共学化し、「21世紀に活躍できる世界市民」を育成する学校として生まれ変わるサレジアン国際学園高等学校（以下、サレジアン国際学園）。コースは本科コースとグローバルスタディーズコースの2コース制で、どちらのコースも英語の授業が豊富に設定されているのが特徴です。

そんなサレジアン国際学園では前号でも触れた通り、「21世紀に活躍できる世界市民」育成のために、「考え続ける力」「コミュニケーション力」「言語活用力」「数学・科学リテラシー」の4つの力を伸ばすこと、そして、すべての土台となる「心の教育」に力を入れていきます。

生徒の成長を促すPBL型授業

この5つの力を鍛えるために全教科で導入するのがPBL型授業です。これは生徒が中心となって問題解決の手法を学んでいく授業で、トリガークエスチョン→個人で情報収集→グループで話しあい→グループの結論選択→プレゼンテーションという流れで進めていきます。ここからは、PBL型授業について詳しくみていきましょう。

解なき問いに挑戦していく

最初の「トリガークエスチョン」について、募集広報部部長・川上武彦先生は、「生徒の知的好奇心に火をつける導火線のような役割を果たすもの」だと話します。

「例えば私が担当する社会科では、原子力発電所や赤ちゃんポストのあり方についてなど、大人でも答えに悩むようなテーマを取り上げるので、いわゆる落としどころは定めません。教員が予想していなかったような結論にたどりつくかもしれませんが、それでいいのです。正解が1つとは限らない課題について様々な角度から調べて、自分なりの答えを探していく。その過程を大切にしていきたいと考えています」（川上先生）

それぞれが自分の答えを探し出すことができたら、グループでの「話しあい」や「結論選択」に進みます。グループの結論選択とは、メンバーが答えを発表しあったあとに、そのなかでだれの意見がもっとも説得力があったか、だれの意見をグループの意見として使うかを選択するものです。こうしたグループでの活動が、PBL型授業の大きなポイントになるのだといいます。

グループでの議論が成長するきっかけに

グループでの活動について川上先生は「考えを発表しあうことで、自分には思いつかなかったこんな答えもあるんだ、と色々な刺激を受けることになります。その刺激が『成長加速ボタン』となって、考えることが始まり、能動的な知識獲得がなされ、思考することが常態化していきます。

また、結論を選択する際は、『忖度なし、同情なし、持ち回りなし』を徹底します。『あの子は最近発表していないからそろそろ……』といった気づかいは、だれのためにもなりません。あくまでも社会に出てから必要となる、自分の意見の説得力を高めて周りを納得させる力を身につけてほしいのです」と話します。

そして最終的にグループの代表者がクラス全員の前でプレゼンテーションをして、他グループとも答えを共有することで、視野を広げていきます。

貢献できることの喜びを知ってほしい

「プレゼンターに選ばれるのは1人だとしても、他者の意見をうまく引き出したり、みんなが話しやすい空気を作り出したりと、1人ひとりが色々工夫しながら議論をするなかで、生徒は大きく成長します。PBL型授業で『思考することの興奮』『解決することの歓喜』『発表することの達成感』を味わってもらい、学校にくるのが楽しいと思ってもらえたら嬉しいです」と話す川上先生。

こうした取り組みを3年間続けることで、生徒たちはまさに「21世紀に活躍できる世界市民」となって羽ばたいていくことでしょう。

学校情報〈共学校〉

所在地：東京都北区赤羽台4-2-14
アクセス：JR「赤羽駅」北改札西口出口より徒歩10分／東京メトロ南北線・埼玉高速鉄道「赤羽岩淵駅」2番出口より徒歩８分
ＴＥＬ：03-3906-7551（入試広報部直通）
ＵＲＬ：https://www.salesian.international.seibi.ac.jp

受験生対象イベント日程

学校説明会
12月19日(日)

クリスマス会
12月19日(日)

個別相談会
12月15日(水)
12月19日(日)
12月20日(月)

社会情勢等により中止・変更の場合があります。
詳細はHPでお知らせします。

入試日程

	推薦入試 (単願・併願)	一般入試 (第一志望、併願優遇、一般)
募集人員	推薦入試、一般入試、どちらもそれぞれ本科30名、グローバルスタディーズ20名	
試験日時	1月22日(土)	2月11日(金)
試験方法	適性検査(小論文)、面接(受験生のみ)	英語・国語・数学

私立高校 WATCHING

東京　中野区　男子校

明治大学付属中野高等学校

「ありのままの自分」で充実した3年間を過ごせる学校

男子校としての魅力と、明治大学の付属校としての魅力をあわせ持つ明治大学付属中野高等学校。生徒の力を伸ばし、知的好奇心を刺激する多彩な取り組みが実践されています。

清水 孝　校長先生

所在地：東京都中野区東中野3－3－4　アクセス：JR中央・総武線、都営大江戸線「東中野駅」徒歩5分、地下鉄東西線「落合駅」徒歩10分　生徒数：男子のみ1230名
TEL：03-3362-8704　URL：https://www.nakanogakuen.ac.jp/

⇒3学期制　⇒週6日制　⇒月5時限、火～金6時限、土4時限　⇒50分授業
⇒1学年10クラス　⇒1クラス35～45人

一生つきあえる仲間に出会うことができる

JR中央・総武線「東中野駅」から徒歩5分。閑静な住宅街の一角にたたずむのが明治大学付属中野高等学校（以下、明大中野）です。

校舎は、2009年に迎えた創立80周年記念事業の一環で、2013年から2017年にかけて全面建て替え工事が行われました。

その際に校地を広げ、併設の中学校用の中学棟、高校生が使う高校棟、食堂や図書館が入る共用棟のほか、既存の総合体育館に加えて第二体育館も建設。都心でありながらも充実した施設を整えました。

明大中野は、明治大学の付属校のなかで唯一の男子校で、校訓「質実剛毅・協同自治・修学錬身」のもと、「強い身体と精神力を養い、バランス感覚を備えた人物」を育成しています。また、合い言葉「みんなで仲良く、正直に、真面目に、精一杯努力しよう」を、校訓同様、大切にしています。

自身も明大中野出身として、長年にわたり同校で生徒を見てきた清水孝校長先生は、これらについて次のように語られます。

「異性の目を気にしなくていい環境で、飾らずありのまま、伸びのびと過ごす生徒の姿はまさに校訓の『質実剛毅』を体現していると感じます。互いに個性を認めあい、尊重しあう雰囲気があるので、どんな生徒にも居場所がありますし、それぞれが好きなことを見つけて、それに打ち込みながら楽しく学校生活を送っています。

私も明大中野でそんな6年間を過ごし、当時の友人たちとは卒業して何十年経ったいまも定期的に集まる仲です。ありのままでいたからこそ、背伸びすることなく、長きにわたってつきあえる関係を築けたんだと思います。

ちなみに私の場合は音楽に打ち込んでいました。明大中野に入学してコントラバスと出会ってからいまにいたるまで、ずっと演奏を楽しんでいます。校長就任前は音楽部の顧問も務めていました。生徒たちも勉強と両立しながら、色々なことをどん欲に追求する文武両道を実現してほしいです」

推薦制度があっても高い学力を身につける

明大中野には基準を満たせば明治大学へ進学できる推薦制度が設けられています。しかし、大学入学共通テストに関する模試を実施し、その成績も推薦基準に含むなど、一般受験生に引けを取らない学力を身につけたうえでの進学がめざされています。

休み時間にはあちこちから楽しそうな声が聞こえてきます。

「そのために学習指導にも力を入れ、課題も豊富に用意しています。自主性に任せて課題を提出しない生徒は自己責任、という指導法もあると思いますが、本校では粘り強く学習に取り組む習慣を身につけるために、『課題は必ず提出する』ことを徹底させ、教員が細かくサポートしていきます。

そうして身につけた『勉強に関する忍耐力』は、大学、さらには社会に出てからも役立つと考えています。目を引くようなプログラムはないかわりに、当たり前のことを当たり前に実践し、生きるうえで大切な力を地道にコツコツと養っていくのが本校の特色です」（清水校長先生）

なお、推薦制度を利用して毎年約8割の生徒が明治大学へ進学、国公立大学や早稲田大学、慶應義塾大学といった、難関大学へ進学する生徒もいます。幅広い進路に対する支援体制が整っているのも、明大中野の強みといえるでしょう。

刺激を与えあう高入生と中入生

現在のカリキュラムは、高1は全員共通履修、高2で文理に分かれ、それぞれの選択科目を履修する形となっています。これは新学習指導要領導入後も大きく変わらないそうですが「文理の枠を取り払った文理融合の考え方が広まっていますから、今後もカリキュラム改訂を検討していく予定です」と清水校長先生は話されます。

また、併設の中学校では先取り学習を行っていないため、高校から入学する高入生と、併設中学から進学してくる中入生は高1から混成クラスで学びます。

「高入生は本校に新しい風を吹き込んでくれる存在で、彼らが高い学力を有していることに中入生は大きな刺激を受けます。反対に中入生はすでに明大中野で3年間過ごしてきたからこそ身についている様々な力があります。それらをみた高入生もまた、大きな刺激を受けます。こうして互いに刺激を与えあうことで、いい相乗効果が生まれていると感じます。

とはいえ、併設中学校がある学校に高校から入るのは不安もあるでしょう。そんなみなさんが安心して入学できるように、そして学校に早くなじめるようにと、様々な工夫をしています。

例えば、中入生と高入生が親睦を深めるための催しものを行ったり、席替えの際は中入生と高入生が固まらないような配置にしたり……。生徒たちに寄り添いながら、成長を見守る教員がそろっていますから、安心して入学してきてください」（清水校長先生）

魅力的な講習と高大連携教育

さて、早朝や放課後、長期休暇中などに、各種講習が充実しているのも明大中野の特徴です。これらは清水校長先生が明大中野生だったころから伝統的に行われているものだといいます。

ただし、講習＝授業の補習ではありません。「授業は授業内に完結するもの」という考えのもと、「授業外だからこそできる学び」が展開されているのです。

近年はユニークな講習が増えてきているといい、その1つが「水耕栽培」に関するものです。作った作物は食堂で食べたり、商品として売ったりという計画も立てられています。そのほかSDGsに関するもの、外国人講師と英会話

桜山祭

中高別の体育の部と、中高合同の文化の部で構成される桜山祭。文化の部での音楽部によるパレードと、高3有志による神輿は毎年注目を集めます。

2

1

3

1. 体育の部　2・3. 文化の部

を楽しむものなど多彩な講習が用意されています。

充実しているといえば、高大連携教育も見逃せません。とくに清水校長先生がイチオシだと話すのは高3対象の「明治大学公開授業」。明治大学で大学生に混ざって講義を受けるもので、大学とはどんな場所で大学生がどんなことを学んでいるのか、身をもって体験できるいい機会になるそうです。

「『公開授業』の期間は1週間で、様々な講義が対象となります。生徒はそのうち最低2日間通い、好きなものを選んで受講します。講義は難しく理解できなかったという生徒もいますが、だからこそもっと頑張って勉強しようと気持ちを新たにするようです。

また、進路を選ぶうえでは自分が今後なにを学び、どんな仕事をしていきたいかを考えることも重要です。そうしたことを考えるきっかけとして、高1では明治大学各学部の学部長から話を聞く『明治大学特別進学講座』を開催しています」（清水校長先生）

ほかにも農学部と理工学部の講義・実験・実習を見学する「明治大学生田キャンパス見学会」、総合数理学部の教授と学生から指導を受けてプログラミングやVRを楽しむ「総合数理学部サマーセミナー」に加え、明治大学と連携したより実践的な講座として、「法曹入門講座」「簿記講座」「語学基礎講座」なども開かれています。

このような多彩な取り組みがそろう明大中野。最後に受験生のみなさんへ、清水校長先生からメッセージをいただきました。

「受験勉強はつらく大変なことも多いですよね。私も受験生のころを振り返ると、苦しかった思い出がよみがえります。しかしそれを乗り越えたことは間違いなくプラスになっています。みなさんもいまの勉強が近い将来自分の力になると信じて頑張ってください。

そして、明大中野に入学したら、冒頭でもお伝えしたように、とにかく好きなこと・自分が打ち込めることを見つけてほしいです。本校にはそれらを見つけられる色々なチャンスもありますから、ぜひ活用してもらいたいです」

4. 射撃場（射撃部）　5. 温水プール（水泳部）　6. 剣道場（剣道部）　7. 第二体育館　8. 総合体育館（バスケットボール部）

写真提供：明治大学付属中野高等学校　※過年度のものも含みます。

体育関連施設

射撃場、温水プールなどの充実した施設を活用して、各部が熱心に活動しています。新設の第二体育館は電動式壁面収納のイスが備わっています。

■2021年3月卒業生
明治大学内部推薦者数

学部	進学者数
法学部	58
商学部	58
政治経済学部	60
文学部	25
経営学部	38
情報コミュニケーション学部	20
国際日本学部	10
理工学部	34
農学部	16
総合数理学部	10

足立学園高等学校〈男子校〉

理化部

自主的に計画した実験で興味関心を深められる

足立学園高等学校の理化部では、生物、化学、物理の３つの分野の実験を自由に行えます。活動を通して部員たちは理科のおもしろさを味わい、それを様々な形で発信しています。

ワクワクドキドキ 熱中部活動

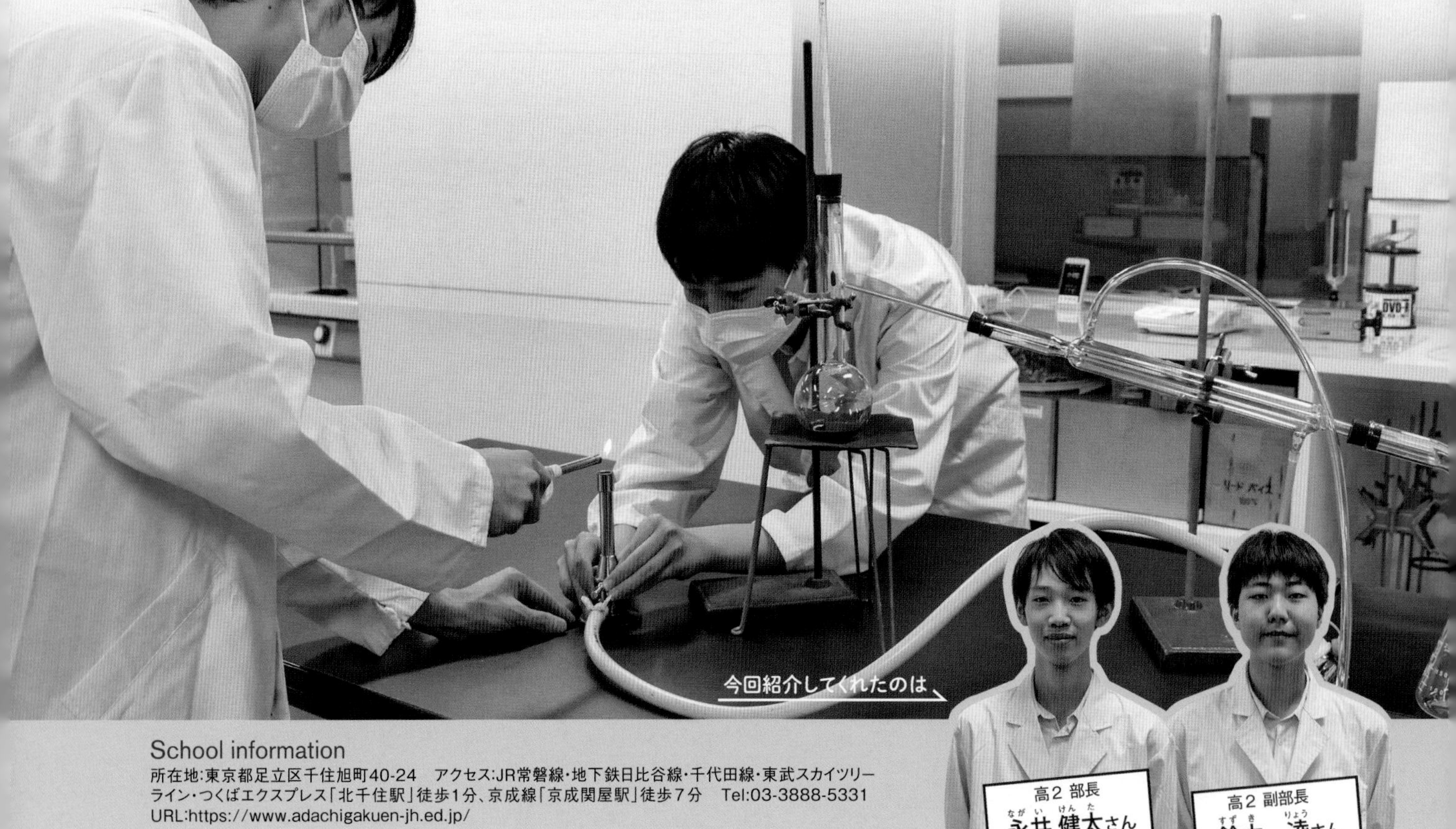

今回紹介してくれたのは

高2 部長 永井健太さん

高2 副部長 鈴木 凌さん

School information
所在地:東京都足立区千住旭町40-24　アクセス:JR常磐線・地下鉄日比谷線・千代田線・東武スカイツリーライン・つくばエクスプレス「北千住駅」徒歩1分、京成線「京成関屋駅」徒歩7分　Tel:03-3888-5331
URL:https://www.adachigakuen-jh.ed.jp/

生物・化学・物理 3分野の実験を行う

足立学園高等学校（以下、足立学園）の理化部は、とくに化学分野の実験が多彩なため、理「科」ではなく理「化」と表記します。週2回、併設の足立学園中学校の生徒と合わせて42名の部員が、3人ずつのグループに分かれて活動しています。

理化部について部長である永井健太さんは「自分たちが考えた実験を自由に行えるのがこの部の魅力です。活動の流れはまず、グループごとに実験の計画書を作ります。次に、計画書を顧問の先生に提出して安全に行えるかどうか、中高生ができる難易度かどうかなどを判断してもらい、許可が出れば実験します。その後、結果をレポートにまとめます。1年間で行える実験の回数は、許可をもらえれば十数回程度です」と話します。

理化部に3人いる顧問の先生はそれぞれ生物、化学、物理が専門です。どの分野でも専門的なアドバイスを受けられるので、部員たちは安心して活動に取り組めます。

また、副部長の鈴木凌さんは活動について以下のように話します。

理化部の部員たち。このように和気あいあいと活動しています。

「計画書には手順を細かく記載するようにしています。そうすれば実験が失敗したときに、手順の誤りが原因なのか、環境などの外的要因による失敗だったのかがすぐにわかるからです。それ以外の原因があると考えられる場合は、顧問の先生に相談しながらグループのみんなで協力し、本やインターネットで調べます。

計画書は実験の成功をめざして作成しますが、初めて行う実験を1回で成功させるのは難しいのです。そこで大事なのは問題点を洗い出し、再実験してミスを繰り返さないよう気をつけることだと思います」

そのため理化部では失敗をしてしまっても原因をグループで調べ、次に活かしています。また、大学で理系の学部に進学したいと考える部員にとって、活動を通して実験器具の扱い方や実験の記録の取り方を学べるのは大きなメリットです。

文系・理系関係なく入部しやすい雰囲気

足立学園中学校から進学したお2人ですが、中1から理化部の部員だった永井さんと違い、鈴木さんは中学生のときは卓球部と書道部を兼部していました。

「高1のときに新しい部に入りたいと考え、理科の授業の実験が好きだったこともあって理化部に入部しました。そのとき、いっしょに入部した同級生のなかには高2で文系のコースに進んだ生徒もいます。実験が好きなら文理関係なくだれでも入りやすいのもこの部のいいところだと思います」と鈴木さん。このように、理化部は高校から入学した生徒もなじみやすい雰囲気が伺えます。

初心者には部長が率先して実験の進め方を伝え、入部して3回目くらいの活動から実験の計画書を作成し始めることができます。

発表を定期的に行い実験の楽しさを伝える

理化部では例年、4月の「新入生向け実験発表会」と9月の学園祭で発表を行います。例えば、永井さんは中学生のときに学園祭で「ルミノール溶液の化学発光」について日ごろの成果を披露しました。

「ルミノール溶液とは、ルミノールという薬品を炭酸カリウム水溶液に溶かしたものです。そこに過酸化水素水と鉄イオンや銅イオンを加えると青白く発光します。これがルミノール溶液の化学発光です。学園祭の発表では、化学発光の原理を説明するだけでなく、観客の目の前で実演しながら解説しました」(永井さん)

実験の発表では観客に楽しんでもらうことを大切にしていると、永井さんは話します。しかし、コロナ禍の影響で昨年から観客を迎えての発表は難しい状況となりました。そこで昨年9月、オンライン学園祭で理化部は実験の様子を動画で配信しました。動画作成は初めての試みでしたが、撮影するカメラの角度や説明文を工夫し、視聴者にわかりやすく実験の内容を伝えました。今後も定

理化部で行ってる実験例

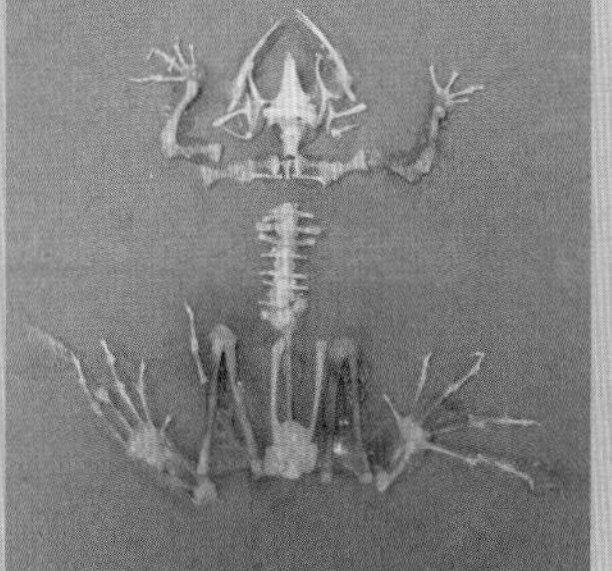

カエルの骨格標本作製

卒業した部員たちが在籍時に作製した骨格標本。薬品を使用してタンパク質を分解し、骨を取り出す過程と、その骨を1つひとつ組み立て直す作業がとくに難しかったといいます。

レールガン制作

現在高3の部員たちが高1のときに制作し、学園祭で実演したもの。レールガンは電磁誘導という原理を用いた装置です。この原理は高3で習うため、部員たちは調べながら作ったそうです。

赤ワインの蒸留実験に挑戦！

蒸留とは、液体を沸騰させて気体にしたあとに、再び液体にして特定の物質を取り出す方法です。今回は物質の沸点の違いを利用して、赤ワインからエタノールだけを蒸留する実験を行ってもらいました。

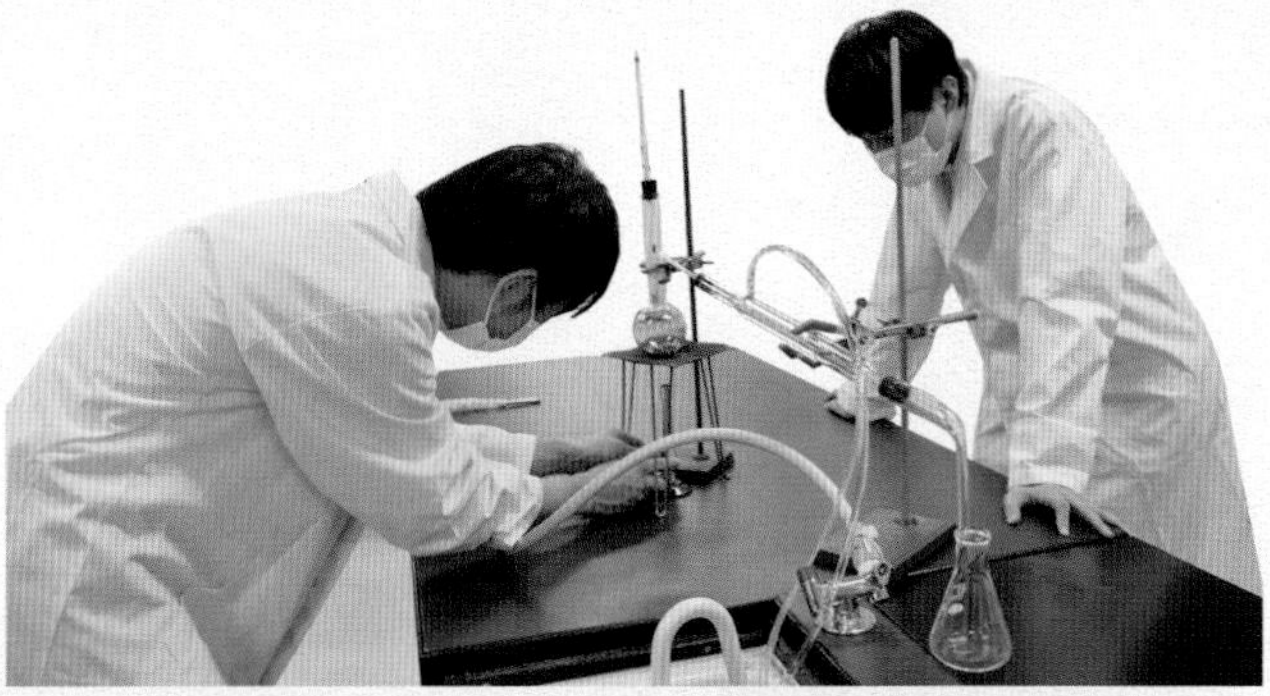

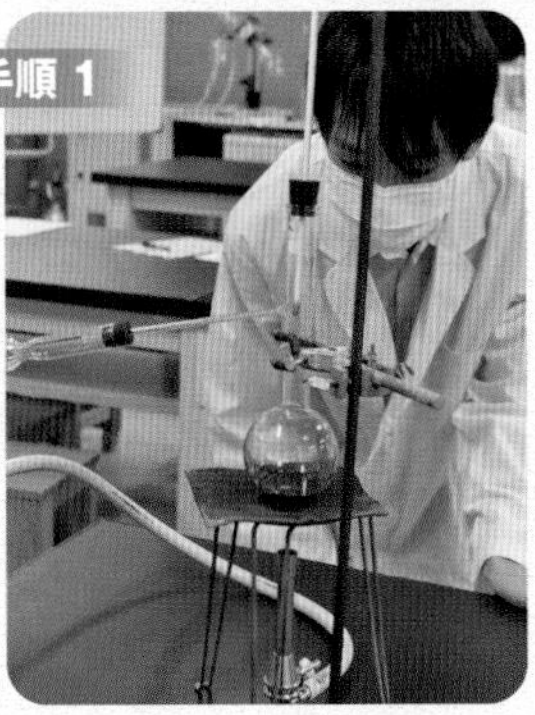

枝付きフラスコに沸騰石と赤ワインを入れ、ガスバーナーで加熱します。

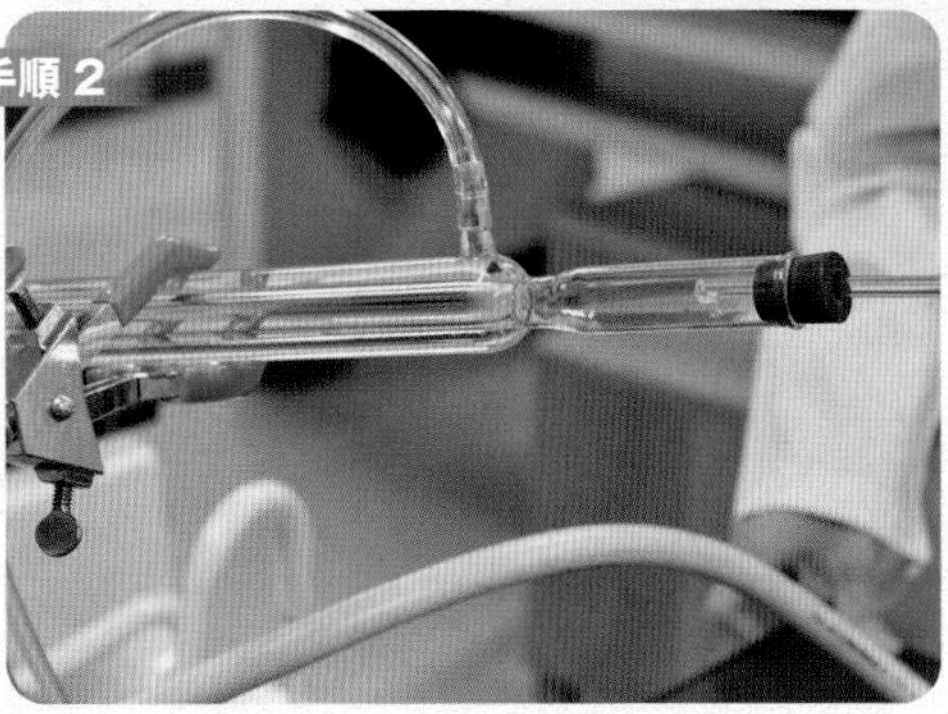

沸点の低いエタノールだけが気化しています。気体となったエタノールはリービッヒ冷却器で冷やされ……。

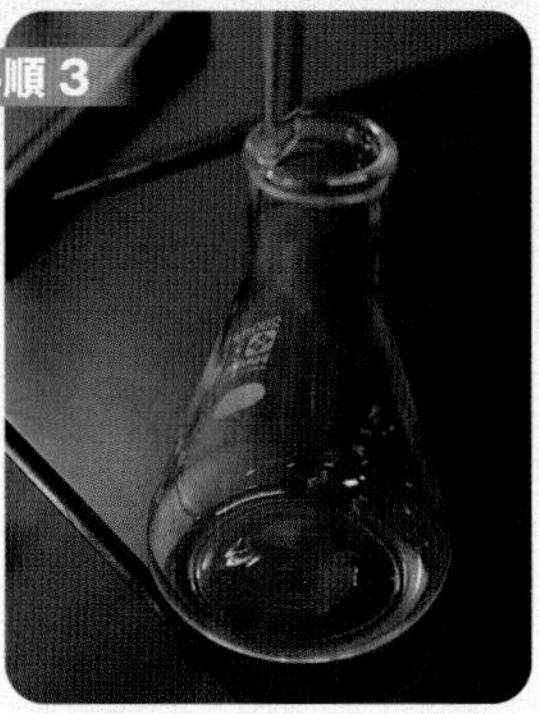

液体になったエタノールがリービッヒ冷却器から三角フラスコへ垂れ始めました。

期的に実験の動画を配信したいと考えているそうです。

新たに部内発表会を実施 高度な実験にも挑戦

理化部では、成果を発表する場を増やすために学期ごとに部内発表会を始めました。感染対策を十分に行いながら、昨年から実施している楽しいイベントです。

部内発表会について鈴木さんは「私たちのグループでは、パスタで作った模型で橋の構造を考える『パスタブリッジ』という物理分野の実験を披露しました。これは大学などでも行われる高度な実験です。過去の実験では、三角形と逆三角形が交互に連なる『トラス橋』が一番重さに強く、耐久性も優れているという結果が出ています」と話します。

実験を計画し実行する行動力、仲間と考えを共有しあうコミュニケーション能力が身につく足立学園の理化部。グループでイチから計画した実験を行い、成功したとき、この部ならではの感動が生まれます。

勉強　先輩からのアドバイス　受験

高2　永井 健太さん、鈴木 凌さん

Q男子校である足立学園について、とくに魅力的だと思うことはなんですか。

永井さん：同性しかいないので生徒同士の仲がとてもいいところです。先生との距離も近くて、悩みがあれば気軽に相談できます。

Qお2人は足立学園中学校から進学した中入生だそうですね。高校受験を経て入学した高入生が加わって、学校生活のなかで変化したことはありますか。

鈴木さん：足立学園では、中入生と高入生は高1では別クラスで、高2から混合クラスです。例年、高1で親睦を深めるために行われるレクリエーションが昨年はコロナ禍の影響で中止されてしまったため、高2になるまでは少し距離があった気がします。しかし、いまは距離を感じることはありません。

Q高校の勉強と部活動はどのように両立していますか。

鈴木さん：授業中に学んだことをその場で覚えることが大切だと思います。そのあと、スキマ時間に見直しをしたり問題を解いたりして知識をさらに深めています。

Q最後に受験生に向けてメッセージをお願いします。

鈴木さん：理化部の活動は、実験をするのはもちろん、部員みんなで実験について考察するのも楽しいんです。実験が好きな人にはとくにおすすめです。

永井さん：高校選びで大切なのは、その学校でやりたいことができるかどうかをきちんと調べることだと思います。足立学園ではオックスフォード大学への留学や探究活動など、様々なことに挑戦できるので有意義な学校生活を過ごせます。興味があれば、ぜひ学校説明会などに足を運んでください。

やってきた

スピーキング重視時代

東京独自の「英語で話すこと」のテスト結果を都立高校2023年度入試から活用スタートへ

東京都教育委員会（以下、都教委）は、公立中学校で来年秋から実施する「東京都中学校英語スピーキングテスト（以下、ESAT-J＝イーサットジェイ）」の結果スコアを、翌年に行われる都立高校入試の英語に活用することを決めました。ESAT-Jは東京都が独自に開発、運営するテストで、中学校での英語学習の成果、とくにスピーキングの力を測るものです。都立高校の英語入試ではこれまで「読む」「書く」「聞く」の3技能の力は試してきましたが、「話すこと」に関しては問えていませんでした。長年「おいてけぼり」だった「話すこと」に日が当てられ、いよいよスピーキング重視時代の幕があけます。

これまでの都立高校入試では英語で話す力はノーチェック

今後は
英語を「話す」力が
重要になるよ！

文部科学省は新たな学習指導要領での学びを小中高の各校で展開し始めました。とくに英語に関しては、小学校から導入、中高でも「読む」「書く」「聞く」「話す」の4技能の充実に力を注いでいます。

東京都では、とくに中学校における「話すこと」の指導の充実と、高校での「使える英語力」育成をめざしてきました。

英語4技能の充実では、今年の年頭から始まった「大学入学共通テスト」で外部検定のスコアを取り入れて測ろうとしましたが、結局うまくいかず、「読む」「聞く」の2技能を試すにとどまっています。東京都は、それより以前からこの問題に取り組んできました。

とくに都立高校入試で取り残されていた「英語で話すこと」の力を評価することは、都教委の悲願だったといっても過言ではありません。

ＥＳＡＴ－Ｊは、２０２２年度から中高一貫校を含む都の公立中学校で実施されます。いま中学2年生のみなさんが3年生の秋、11月27日（予備日12月18日）に第1回として、「英語で話すこと」の力が試されるのです。

じつは、新型コロナウイルス感染症のまん延で、ちょうど1年間の停滞期間がありましたが、この9月～10月、ＥＳＡＴ－Ｊは都の公立中に通う中学3年生約8万人を対象に最後のプレテストを実施。その結果はまだ公表にいたっていませんが、予定通り進んでいるとのことです。

外部の音を遮断して個々にタブレット端末に録音する

それでは、このＥＳＡＴ－Ｊというスピーキングテストは、実際にはどのようにして実施されるのでしょうか。

来年の11月27日は日曜日です。会場については未発表ですが、今回のプレテストでは所属する中学校のほか一部の都立高校、外部の施設なども使って行われています。ただ本番当日は、通学している中学校が本人の会場として使用されることは公平性への懸念があることから、基本的に外部会場となる予定です。また、島しょや山間部の中学生にも公平に実施されるよう配慮されています。

防音用イヤーマフを
つけるので
他の人の声は
聞こえないよ

対象は、翌年都立高校を受検する、しないにかかわらず、都の公立中学校に通う中学3年生全員です。ＥＳＡＴ－Ｊには、中学校でのスピーキング教育の成果を測る目的もあるからです。

当日の動きとしては、検定試験を受けるイメージです。それぞれが席につき、1人に1台のタブレット端末が配られます。

そのタブレットに前もって録音されている指示に従って、解答をイヤホンマイクを通じて吹き込みます。

イヤホンをつけた両耳の上から、それぞ

やってきた

スピーキング重視時代

れ直径約10㎝大の半球型防音用イヤーマフをかぶせ、他の受検者の声が聞こえないように配慮されます。

都教委が用意しているホームページ「Tokyo Portal」内に「中学校英語スピーキングテスト」というページ(左記)があり、そこにはこれまでのプレテストの問題が掲載されています。

https://www.tokyo-portal-edu.metro.tokyo.lg.jp/speaking-test.html

過去に実施されたプレテストを体験してみるのじゃ

都立高校入試結果の一部 約2%の得点として反映

こうして11月に実施されたESAT-Jの受検者個々のスコアは、翌年の1月中旬に受検者本人と所属中学校に「個人結果帳票」として提供されます。

この帳票には、ESAT-Jスコア(上限100点)と、都教委による段階別評価(AからF)が記されています。所属中学校は、その生徒の調査書を記す際に段階別評価A~Fを記入し、その生徒が受検する都立高校に提出します。AからFの段階的評価点は別表の通りです。

都立高校は合否を決める際に、どのように受検者個々の得点を決める予定なのでしょうか。

まず、入試当日の学力検査500点(5教科各100点)を700点に換算します。次に調査書点を加えます。調査書点は主要5教科各5点(1~5)に、実技4教科各10点(1~5を2倍)を加え、計65点を換算して300点にします。ここまでで合計1000点です。そこにプラスしてESAT-Jの20点を加え、満点は1020点になります。

1020点満点のうちの20点ですから、ESAT-Jは合否には2%弱の影響力しかありませんが、もともと中学生が「英語で話すこと」への関心・興味を生み出すことにESAT-Jの使命があります。もちろん、入試の合否についてボーダーに近い場合はその得点は大きな意味を持つでしょう。

文部科学省は、大学入試について、大学入学共通テストで測りきれない英語の「話す」「書く」や、思考力や判断力を記述で問うことを各大学の二次試験や個別試験に求めています。

都教委が力を注いでいる英語で楽しく話す力をつけることは、ESAT-Jのスコアにとどまることなく、これからのみなさんの資質として、大きな意味があることを強調しておきたいと思います。

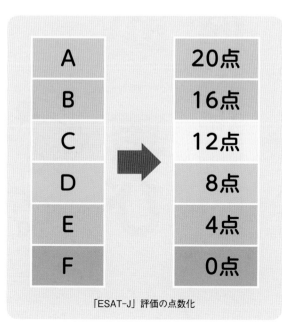

A	20点
B	16点
C	12点
D	8点
E	4点
F	0点

「ESAT-J」評価の点数化

「withコロナ入試」再び

今回の入試はどのように行われるか

いよいよ高校入試が近づいてきました。本誌締め切りの10月18日時点では、新型コロナウイルス感染症第5波の罹患者が急速に減ってきてはいますが、政府、また専門家会議は第6波襲来への懸念を示しており、まだまだ予断を許しません。コロナ禍で迎える入試環境は、今春の入試同様であり、受験生にとっては、勉学以外にも腐心せざるをえない状況が続いています。では、みなさんが向かうコロナ禍での入試は、いったいどのように実施されるのか、現在までに判明した情報を中心にお知らせします。少しでもみなさんの「安心」につながればと思います。

都立高校入試では出願方法が変更に

各都県の教育委員会の発表による来年度入試でのコロナ対策は、ほぼ前回入試を踏襲する形となっています。第5波による罹患者数は減じているとはいえ、過去、第4波から第5波へのピークの周期は約3カ月。万一、その周期での再拡大が起こるとしたら、ちょうど受験期にあたるため、各教育委員会とも警戒を怠らないわけです。

ただ、前回とは一部変更される部分もあるため注意が必要です。

東京都教育委員会は都立高校入試で、前回同様、受験生同士の「密」を避け、推薦入試での集団討論を取りやめることをいち早く発表しています（その他の個人面接などは実施）。さらに2日間にわたっていた推薦入試日程も、1日で終えられるようにするとのことです。

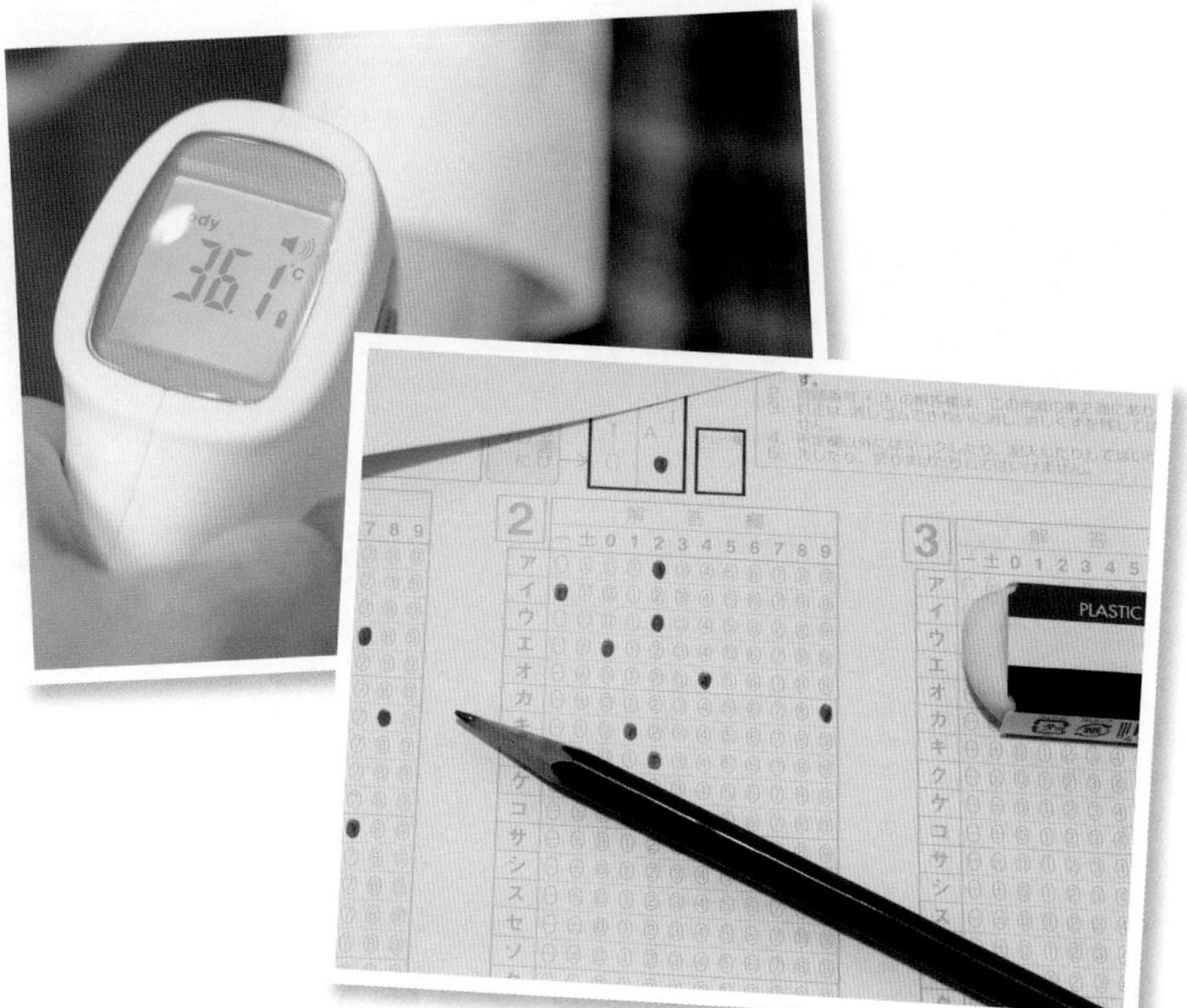

都立高校での大きな変更点は願書提出方法です。前回は入学願書を、所属中学校が生徒が受検する都立高校ごとに取りまとめて出願しましたが、今回は、志願者自身が各高校指定の郵便局に局留めで郵送する方法に変更されています。推薦入試、一般入試ともの変化です。
私立高校については、すでに窓口出願はほとんどなくなり、インターネット出願が主流となっています。
なお、都立高校は合格発表について、前回入試から各校掲示板での発表に先立ち、1時間早い午前8時半にインターネットでも全校で発表することにしています。

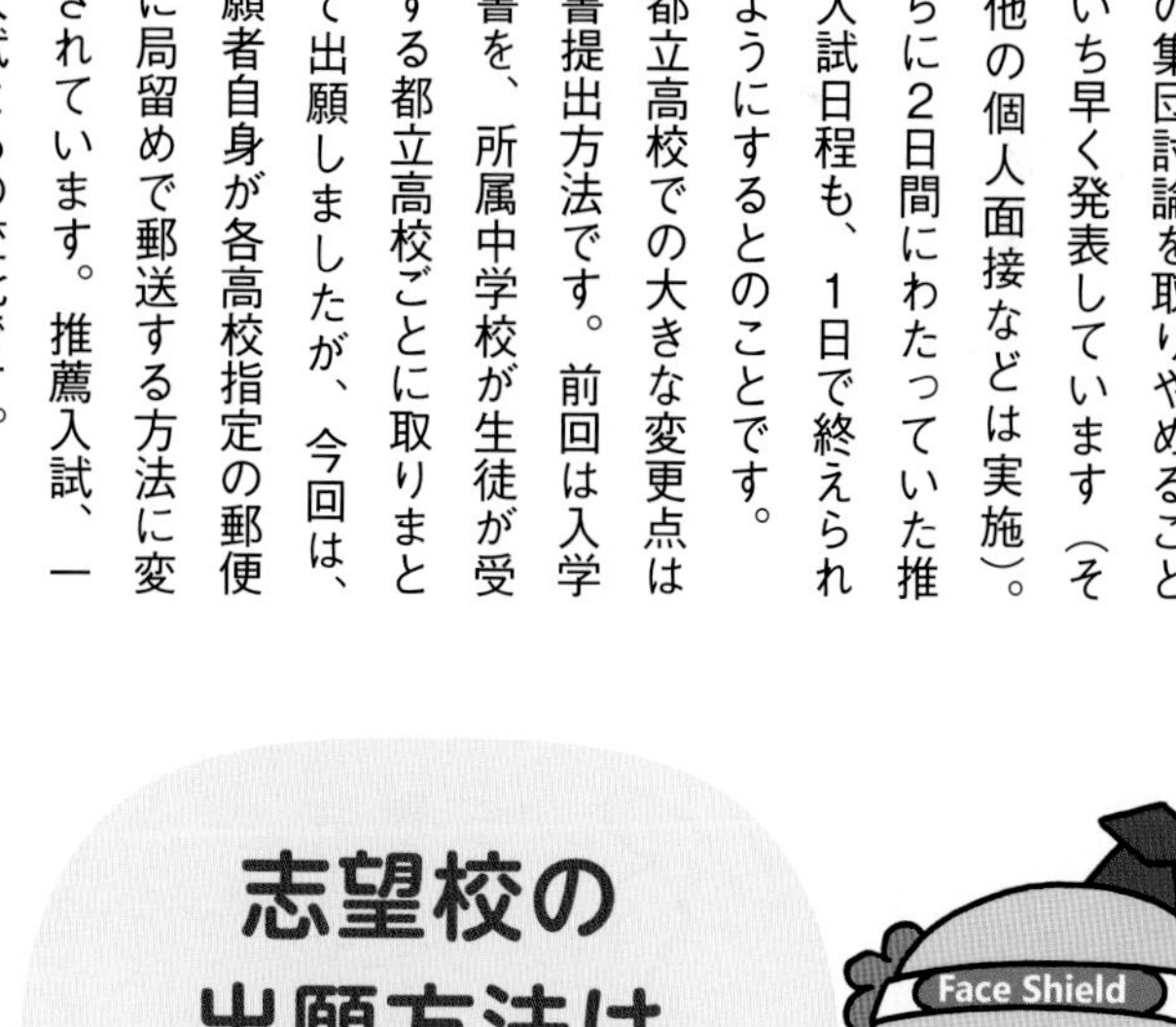

志望校の出願方法は必ずチェックするのじゃ!
Face Shield

各都県公立高校の出題範囲は縮小せず

前回入試の学力検査では、各都県の公立高校を中心に、中3の学習内容の一部を出題範囲から除外しましたが、今

「withコロナ入試」再び

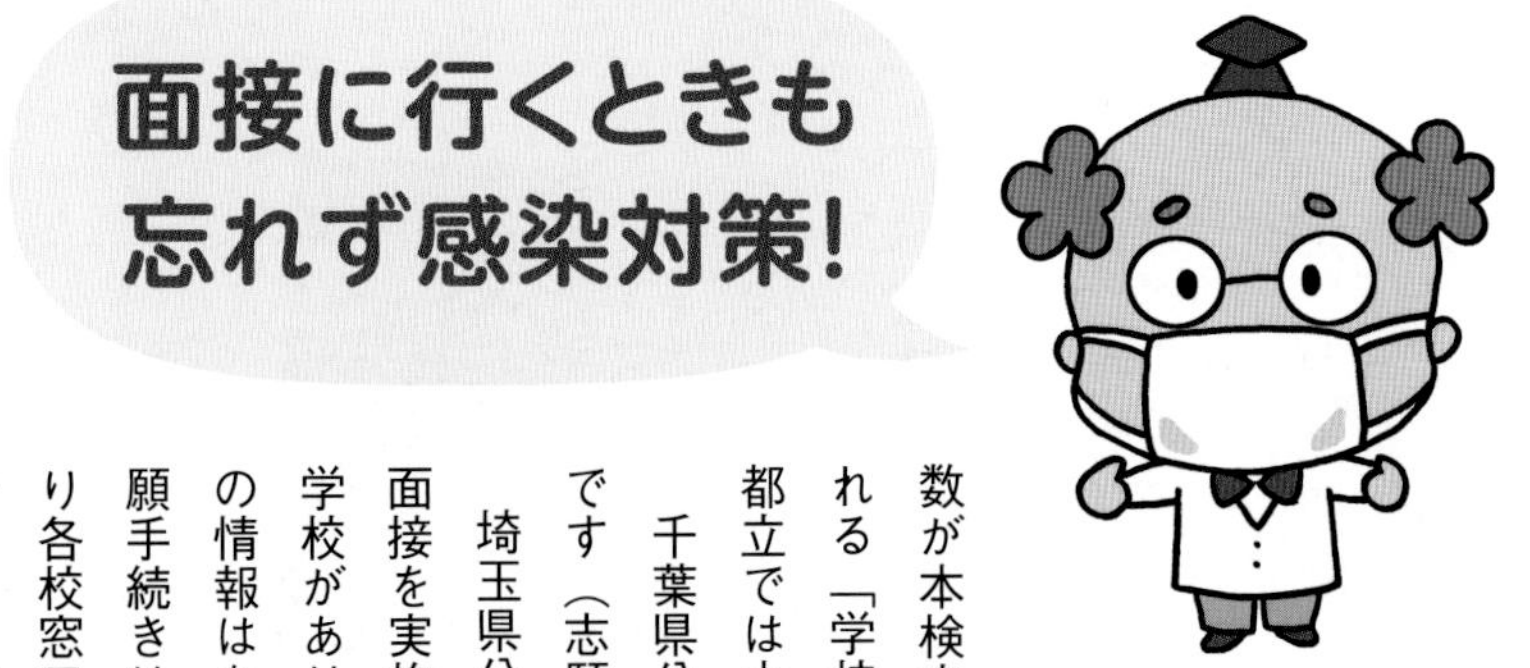
面接に行くときも
忘れず感染対策!

回は範囲の除外はありません。緊急事態宣言下ではあっても、今年の場合は登校を禁じた例がみられなかったことが理由としてあげられています。

千葉県の公立高校入試は前回入試で大きな改革が行われました（2回あった選抜回数が本検査1回〜2日間〜になるなど）、2日目に実施される「学校設定検査」のなかで八千代高普通科では、東京都立では中止された集団討論が行われます。

千葉県公立での志願手続きは各校窓口持参・郵送の併用です（志願先変更の際は窓口持参のみ）。

埼玉県公立では実技検査を実施しない学科・コースでは面接を実施することができます。前回は面接を取りやめた学校がありましたが、今回は集団面接を含め面接取りやめの情報はありません。各校の実施要項を調べましょう。志願手続きは中学校でまとめて出願のほか、志願者自身により各校窓口持参・郵送の併用です（志願先変更の際は志願者による窓口持参のみ）。

神奈川県公立の全日制各校では面接を実施することになっています。志願手続きは窓口のみで受験料を添えて納付します。

受験生はお互いに気をつけるべき同志

高校受験では、一般的に公立高校と私立高校、少なくとも2校を併願します。ですから、各校受験の際の「密」、つまり人との接触には十分気をつけたいものです。もちろん、マスク着用、手洗い、消毒、ソーシャルディスタンスの確保などは当然といえます。

なお、中学校在学中に新型コロナウイルス感染症等の影響により出席停止となっていたとしても、高校入試で不利になることはありません。

罹患してしまい、本命校を棒に振ることほど残念なことはありませんが、入試の当日に感染症で受験できなかったとしても、公私立ともに追検査、追々検査等で救済措置がとられます。気落ちせずにモチベーションを継続し、万一の場合は治療に専念しましょう。事前に各校の追試験日程を確認しておくことも安心につながります。

自分や家族が罹患した場合はどうでしょう。文部科学省は、濃厚接触した受験生について、無症状のうえ陰性が確認されたことを条件に受験を別室で認めるよう要請しています。

この苦しい2年間を過ごしてきた受験生は「同志」です。最後の最後まで、お互いに気をつけて「罹患せず罹患させず」、達成感のあるゴールをめざしましょう。

最後まで
諦めず
頑張ろう!

受験生のための
明日へのトビラ

このページは、みなさんがめざしている高校のこと、その教育のこと、高校入試のこと、さらに中学校での学びを含めて、みなさんがこれから接するであろう身近な課題についての情報をお届けしていくページです。ですから保護者のみなさんも必読のページとなります。今月のニュースでは、埼玉県の公立高校が入試当日の持ちものの決まりについて発表しています。

P36 突撃スクールレポート 立正大学付属立正高等学校
P38 春日部共栄高等学校
P40 スクペディア 共栄学園高等学校
P41 日本大学高等学校
P46 入学願書は合格への第1歩
P48 高校受験質問箱　受験生のためのQ&A
P50 高校受験質問箱　保護者のためのQ&A
P52 レッツトライ！　入試問題

NEWS

東京 「英語のスピーキング」重視へ 話す力の育成にYoutubeで発信

27ページで触れた「中学校スピーキングテスト」の導入など、英語で「話す力」の醸成に力を注いでいる東京都教育委員会は、Youtubeを使って英語を話すトレーニングに乗り出している。

【「話すこと」トレーニング】

英語の「話すこと」に関する能力を育成するために、中学生を対象とした映像教材「『話すこと』トレーニング」が発信されている。映像を視聴し出題される問題に答えることで、スピーキングの学習に取り組むことができる。

各問題の最後にはそれぞれの解答例が音声と文字で収録されており、練習のあとに内容を確認すれば、適切な表現を学習することが可能。レベルはStage 1からStag 3までの3種類があり、自分の学習レベルを選択して取り組むことができる。

詳しくは、都教委が用意しているホームページ「Tokyo Portal」（右上）内に「『話すこと』トレーニング」というページがあり、詳しく解説されている。Youtube映像は別ページ「東京都国際教育チャンネル（右上）」に掲載されている。

Tokyo Portal
https://www.tokyo-portal-edu.metro.tokyo.lg.jp/

東京都国際教育チャンネル
https://www.youtube.com/channel/UCAUl84cO4_7j4mceH7Ih2SQ/playlists

【Tokyo Global Studio】

「Tokyo Global Studio」は、東京都教育委員会が、様々な機関と連携して制作した、英語を使う楽しさや有用性を体感できる英語動画教材。これもYoutubeでの配信。

小学生・中学生・高校生・教員向けの動画コンテンツを、昨年秋から配信し始め、すでに100番組を超えている。

小学校、中学校向けの教材は、学習指導要領に基づく内容とし、高校向けの教材は、学習指導要領をふまえながらも、より幅広く発展的な内容を扱っている。

家庭学習にも適しており、学習が進めば中学生でも、高校生版に挑戦したい。

教員向けの動画は学校での授業やオンライン授業に役立てられている。

Tokyo Global Studio
https://www.tgs.metro.tokyo.lg.jp/

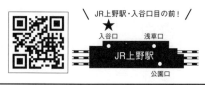

埼玉　2022年度公立高校入試の受検生心得を発表 入試当日の持ちものについても詳しい定め

埼玉県教育委員会は10月1日、来年度の公立高校入試について、受検生心得を発表した。とくに学力検査当日の携行品について、細かく注意事項が示されているので、受検生は確認しておく必要がある。ボールペンは携行できない。

なお、学力検査は2022年2月24日。追検査は3月7日。

◆検査時に使用するもの

○鉛筆（シャープペンシルも可とする）
○消しゴム
○三角定規（直定規も可とする）
○コンパス

◆検査時に使用を認めるもの

○計時機能のみの時計

◆携行してはいけないもの

●学力検査に必要のないもの
●学力検査の公平性を損なうおそれのあるもの
（例）　下敷き
分度器（もしくは類似機能を持つ文具類）
文字、公式等が記入された定規等
和歌や格言等が印刷された鉛筆等
色鉛筆、蛍光ペン、ボールペン
計算機、計算機能や辞書機能等のある時計
携帯電話等の電子機器類（時計がわりの使用不可）

千葉　各公立高の来年度入試「選抜・評価方法」受検生は各校ホームページで確認を

来年度入試について、10月18日、各公立高校が定めた「選抜・評価方法」を各高校のホームページにいっせいに掲載した。

各高校のホームページを開き、「令和4年度入学者選抜の選抜・評価方法」を選ぶことで閲覧できる。

学力検査、調査書、学校設定検査、その他の検査、それぞれについて、評価対象や満点の得点を確認できる。

東京　ICT活用授業の広がりに対応のため 都立高校の新入生にPCの購入を推奨か

「東京都教育委員会が来年度の都立高校新入生全員にパソコン（PC）やタブレット端末の購入を求める方針を固めた」と一部報道機関が伝えている。本誌の取材ではまだ検討段階で確定情報ではないが、政府のGIGAスクール構想によって、都内の小・中学校では児童、生徒に同端末が貸与されていきわたっていること、新型コロナウイルスの感染拡大時にオンライン学習の活用が進んだことなどから、さらに利活用を進めたい都立高校では貸与ではなく各家庭にPCの購入を求める動きが進むとみられている。

突撃スクールレポート

E イギリス語学研修　F アメリカ語学研修　G 書道部の発表風景　H インターハイ出場経験のある水泳部

立正大学付属立正高等学校（りっしょうだいがくふぞくりっしょう）〈共学校〉

日蓮聖人の教え「学びを行動で示す行学二道」を教育の柱におく立正大学付属立正高等学校。多様性を理解し仲間と協働することで、社会のために自分の力を発揮する人を育成しています。

自ら課題を発見し思考する習慣作りを促す

それぞれの得意分野で希望した進路を実現する

2022年に開校150周年を迎える立正大学の付属校として、これまで多くの卒業生を輩出してきた立正大学付属立正高等学校（以下、立正）。「自分で考える力」を養うことをテーマに、学校全体を学びの場として、授業・部活動・学校行事などあらゆる機会を通じて考えることを促しています。

立正は、普通科のみのコースで「特別進学クラス」と「進学クラス」を設置しています。「特別進学クラス」は、平日の7時間授業を軸に高度な学力を養成し、早い段階から大学入試問題に取り組み、一般選抜で国公立大学や難関私立大学をめざすクラスです。

一方、「進学クラス」は、立正大学への内部推薦、他大学の学校推薦型選抜や総合型選抜などを利用し、それぞれの得意分野を伸ばして大学進学をめざします。どちらのクラスに在籍しても部活動に参加できるため、生徒それぞれが希望する高校生活に合わせたコース選択ができるようになっています。

高1は、併設中学から進学してくる生徒とは混合せず、高入生のみでクラス編成を行います。高2から中入生と合流し、特別進学クラス・進学クラスともに文系・理系に分かれます。そして高3は、例えば、数学は理工系と医歯薬系

A

C

E

B

D

F

Photo　A 中庭テラスに面した図書館　B 全面人工芝のグラウンド　C 教室棟3階にある弓道場　D ナイター設備のあるテニスコート

写真提供：立正大学付属立正高等学校　※写真は過年度のものを含みます。

に分割した授業を行うなど、生徒の希望進路に応じて細かく授業を展開しています。

「本校では、大学でなにを学びたいかを重視しており、『行ける大学』ではなく『行きたい大学へ』をモットーに、担任が目標の設定・道のり・必要な学習などについて、生徒1人ひとりと話しあって細やかにフォローしています。また、生徒の多様な進路希望に応えられるように、大学の受験対策から芸術系科目にいたるまで、幅広い選択講座を開講しています」（入試広報部長・今田正利先生）

立正大学へは、全学部全学科を対象とした指定校推薦枠が確保されており、希望する生徒はそれぞれの目標に向かって進学していきます。例年、全体の60%が学校推薦型や総合型選抜を利用して進学しており（うち25%が立正大学へ進学）、40%が一般入試で国公立大学や私立大学へ進学しています。

色々なことに チャレンジできる3年間

立正では、語学研修にも力を入れています。これまで学んできた英語力がどれだけ通用するかを試すだけでなく、これからのグローバル社会を生き抜くために多様性を理解する異文化体験です。

イギリスまたはアメリカの学校に短期留学するプログラムで、夏休みに高1・高2の希望者を対象に、18日間の日程で行われます。イギリスでは英語圏以外の生徒といっしょにホームステイをし、アメリカでは学寮に入って様々な国の生徒と生活をともにすることができます。昨年、今年とコロナ禍のため実施できませんでしたが、来年度以降、社会情勢が落ち着いた段階で再開する予定です。国内では、福島県のブリティッシュ・ヒルズを利用した語学研修（3泊4日）も行っており、来年3月の実施にむけて準備を進めています。

また、立正では部活動も大変盛んに行われています。都内では珍しい弓道場やパッティング練習用のグリーンが併設されたゴルフ練習場などがあり、300畳ある武道館では柔道部と剣道部が活動しています。

「運動部だけでなく、書道部や放送部といった文化系の部活動も精力的に活動しています。とくに書道部は、以前、本校におられた書家の大家、小野寺観洲先生の教え子たちがよく指導にきてくれていますので、つねに高いクオリティが保たれています。

本校の特徴は進路の多様性です。難関大学へ行く生徒、美術大学や音楽大学に行く生徒、体育大学に行く生徒もいますので、それぞれの得意分野で一生懸命に頑張っている生徒をしっかりとサポートしています。高校3年間を勉強だけでなく、色々なことに思いきりチャレンジしてみたい生徒には、ぴったりの学校だと思います」（今田先生）

スクールインフォメーション

所在地：東京都大田区西馬込1-5-1
アクセス：都営浅草線「西馬込駅」徒歩5分
生徒数：男子648名　女子323名
TEL：03-6303-7683
URL：https://www.rissho-hs.ac.jp

2021年3月　おもな合格実績（既卒を含む）

東京学芸大	1	上智大	2
東京藝術大	1	東京理科大	2
東京海洋大	1	G-MARCH	30
東京都立大	2	成蹊大	7
静岡文化芸術大	1	成城大	2
防衛大	1	立正大	92

G 女子バレーボール部　H 吹奏楽部

春日部共栄高等学校〈共学校〉

（かすかべきょうえい）

幅広い視野と能力を備えた人材を育成するため、つねに進化を続ける春日部共栄高等学校。真の文武両道をかなえる多彩なプログラムが魅力の学校です。

心身ともに健やかな人材を育てる独自の教育プログラムを実践

効率的なカリキュラムと充実した学習環境

1980年の開校から現在まで時代に即した教育を実践し、多くの優秀な人材を輩出してきた春日部共栄高等学校（以下、春日部共栄）。「自主自律」「明朗勤勉」「協調奉仕」の3つを校訓に掲げており、「知・徳・体」のバランスが取れた生徒を育てています。

そんな春日部共栄のモットーは「文武両道」。この言葉を聞くと、部活動に力を入れている学校というイメージを抱きがちですが、それだけではありません。

「本校では、甲子園に出場する野球部やインターハイで活躍する水泳部、全国大会に駒を進めた吹奏楽部など、様々な部が高い実績をあげています。しかし、すべての部で月曜日は休みにするなど、メリハリをつけて活動するように促しています。それは、短い時間でどう成果を出すか、そのためになにを工夫するかなどを考えてもらうためです。そうした姿勢は学業にも活かされており、結果的に生徒の幅広い力を伸ばすことにつながっています」と入試担当委員長の牟田泰浩先生は話します。

春日部共栄の文武両道を支える土台となっているのは、効率的なカリキュラムです。高1から7時間授業を実施、春期・夏期・冬期の長期休暇中には各種講習を開いて

Photo　A ボストングローバル人材育成プログラム　B 体育祭　C 図書館　D 野球部　E 書道部　F 水泳部

写真提供：春日部共栄高等学校　※写真は過年度のものを含みます。

います。夏休みには全学年向けに3泊4日の勉強合宿を開催し、高1・高2は教員による講義と自学自習に、高3は自分で立てた計画に沿って受験勉強に取り組みます。

さらに、昨年から中間テストを廃止し、学期ごとの定期テストは期末テストのみとなりました。その意図について「テスト前の時期だけ集中的に勉強するのではなく、継続して学習に取り組む姿勢を身につけてもらうことが狙いです。中間テストがなくなった代わりに小テストや単元テストを増やすことで、生徒のこまめな予習復習を促し、学力の定着を図っています」と牟田先生は語ります。

実際に、生徒たちからは「中間テストがあったときよりも毎日コンスタントに勉強している」との声があがっており、模試の結果にもその効果が表れているといいます。

加えて来年度からは2期制になるのと同時に1コマ50分だった授業が45分に変更されます。土曜日に行われていた授業は廃止され、週休2日に固定。2期制にすることで授業日数自体は増加するため、全体で授業時間が5~10%増える予定です。

生徒が無理なく、効果的に学力を伸ばすための仕組みを整えるため、絶えず改革を進めています。

視野を広げる 多様な教育の数々

国際教育やキャリア教育が充実しているのも、特徴の1つです。高2ではオーストラリア修学旅行を実施し、現地大学生によるキャンパスツアーなどを体験します。希望者向けプログラムとしては、約3週間のホームステイを行う「オーストラリア語学研修」や、アメリカ・ボストンの大学で様々な国の学生とディスカッションなどを行う「ボストングローバル人材育成プログラム」(いずれも高1~高2)が用意されています。

キャリア教育では、近隣にある共栄大学の教授による出張授業が生徒から人気です。各分野の最先端の研究に触れることができるため、生徒たちにとって将来自分が進みたい学部や学科について考える契機となっています。

そのほか、医学系大学や学部をめざす生徒に向けた「メディカル論文講習」も実施。元東京大学講師の医学博士を招き、志望大学ごとに個別指導をしていきます。

最後に、牟田先生から受験生のみなさんに向けたメッセージをいただきました。

「今年も引き続き新型コロナウイルス感染症の影響が大きく、受験生には不安な点も多いだろうと思います。しかし、いまみなさんが努力していることは、将来どこかで必ず報われるはずです。本校に限らず、第1志望校の合格に向けて諦めずに頑張ってください。そのなかで本校に興味を持ってくださる方がいれば、ぜひ一度、足を運んでもらえると嬉しいです」

スクールインフォメーション

所在地：埼玉県春日部市上大増新田213
アクセス：東武スカイツリーライン・アーバンパークライン「春日部駅」バス
生徒数：男子729名　女子829名
TEL：048-737-7611
URL：https://www.k-kyoei.ed.jp/hs/

2021年3月　おもな合格実績（既卒を含む）

北海道大	1名	早稲田大	5名
東北大	1名	慶應義塾大	5名
名古屋大	1名	上智大	6名
九州大	1名	東京理科大	36名
筑波大	5名	国際基督教大	1名
千葉大	4名	G-MARCH	167名

あの学校の魅力伝えます
スクペディア No. 64

共栄学園高等学校

きょうえいがくえん

東京都　葛飾区　共学校

所在地：東京都葛飾区お花茶屋2-6-1　生徒数：男子446名、女子365名　TEL：03-3601-7136　URL：https://www.kyoei-g.ed.jp/
アクセス：京成本線「お花茶屋駅」徒歩3分、JR常磐線「亀有駅」バス

文武両道の高校生活を実現できる

共栄学園高等学校（以下、共栄学園）では、「至誠一貫」という建学の精神のもと、「知・徳・体」が調和した全人的な人間育成を行っています。

そんな共栄学園では、生徒の第1志望校現役合格という目標に向けて「特進コース」と「進学コース」という2つのコースを用意しています。

「特進コース」では、コース内でさらに「特進選抜クラス」と「特進クラス」の2つに分かれます。「特進選抜クラス」は東京大学など最難関国公立大学を、「特進クラス」は難関国公立大学・難関私立大学をめざすクラスです。

どちらも「大学入学共通テスト」だけでなく難関大学の入試に対応したハイレベルな授業を展開し、高い学力を養成していきます。

一方「進学コース」は、有名私立大学への進学をはじめ、幅広い進路選択に対応できるコースです。予備校の衛星授業であるサテネット講座や長期休暇中の特訓講習などを、希望の進路やスケジュールに合わせて選択できます。課外活動とも両立しやすい教育課程になっているのが魅力です。

なお、「特進コース」、「進学コース」ともに高2から文系・理系に分かれて効率よく学習を進めます。

ICTの利活用や部活動も盛ん

学習環境の面では、ICT教育に力を入れているのが大きな特徴です。全教室にプロジェクターを導入し、板書と組みあわせて授業に活用しています。生徒1人ひとりにタブレット端末を配付し、アクティブラーニングも行われています。

そのほか、放課後には希望者にネイティブ講師によるオンライン英会話を実施。新学習指導要領でも重視されているスピーキングも強化しています。

また、共栄学園の魅力として「文武両道」に力を入れている点も見逃せません。全国大会に出場するバトン部や女子バレーボール部、少林寺拳法部などの運動部をはじめ、吹奏楽部や競技かるた部などの文化部の活動も盛んです。2021年度よりe-スポーツ同好会が創設されました。

生徒たちは勉強にも部活動にも全力投球し、日々充実した高校生活を送っています。様々な角度からのサポートで目標に向けて成長できる環境が整っている共栄学園です。

日本大学高等学校

にほんだいがく

神奈川県　横浜市　共学校

所在地：神奈川県横浜市港北区箕輪町2-9-1　生徒数：男子846名、女子691名　TEL：045-560-2600　URL：https://www.yokohama.hs.nihon-u.ac.jp/senior/
アクセス：東急東横線・目黒線、横浜市営地下鉄グリーンライン「日吉駅」徒歩12分またはバス

「Aiming high!」の精神で高みをめざす

日本大学高等学校（以下、日大高）は、日本大学の付属校として1930年に創設されました。教育スローガン「Aiming high!（常に高みをめざす）」に基づく教育を展開し、日本大学の教育理念「自主創造」の精神にある「自ら学び、自ら考え、自ら道をひらく」を体現します。

教育システムは、国公立大学および最難関私立大学への進学をめざす「特別進学コース」、日本大学や難関私立大学への進学をめざす「総合進学コース」、国際系大学・学部や海外大学への進学をめざす総合進学コース・スーパーグローバル（SG）クラスの2コース1クラス制です。

全体の約6割の生徒が日本大学に進学し、約3割の生徒が国公立大学や難関私立大学、海外大学に進学しています。近年、他大学進学実績が伸びており、今年3月の卒業生は37人が国公立大学に進学しています。内部推薦制度で日本大学へ進学できるというメリットを活かしつつ、他大学進学もめざせる進学ハイブリッド校として注目を集めています。

「確かな力」の育成と「人間力」の向上に注力

日大高は、未来を生き抜く「確かな力」を「主体的に考え行動する力」と「世界の人と協働する力」と位置づけ、さらに「人間力」の向上にも力を入れています。

「主体的に考え行動する力」を養うためのICT教育では、2015年度からタブレットPCや電子黒板などを導入し、アクティブラーニング型授業を先駆的に展開。2020年には「学校情報化優良校」に認定されました。

また、「世界の人と協働する力」を養うためのグローバル教育では、海外研修や留学制度を実施。SGクラスでは英語でのサイエンス授業（数学・理科）や異文化交流プログラムを行っています。英語のコミュニケーション力を高めるだけでなく、世界に視野を広げ、多様性理解力を育みます。そして、部活動や体験型キャリア教育、SDGs教育などを通じて自己肯定感を高め、協働力や豊かな「人間力」を育みます。

2021年、日大高は創設100周年に向けた新プロジェクト「Road to 100th」を始動させました。また、2022年新学習指導要領のスタートに向け、教育改革「SHINKA!」プロジェクトが進行中。日大高のさらなる進化に注目です。

君はもっとできるはずだ

修徳高等学校（しゅうとく）［共学校］

School Information

住所：東京都葛飾区青戸8-10-1
TEL：03-3601-0116
アクセス：JR常磐線・地下鉄千代田線「亀有駅」徒歩12分、京成線「青砥駅」徒歩17分
URL：http://shutoku.ac.jp

◆学校説明会（予約不要）
11月27日㊏

◆クラブ体験練習（TEL予約制）
直接クラブ顧問が体験練習の日程を調整いたしますので、お電話にてご連絡ください。TEL：03-3601-0116

徳育・知育・体育のバランスのとれた三位一体教育を実践する修徳高等学校。生徒たちの熱意を応援し、勉強だけでなく、クラブ活動や学校行事などにも積極的に取り組める環境が整っています。

進路目標の実現に向けた文武一体教育

修徳高等学校（以下、修徳）は、生徒の進路目標に応じて「特進選抜コース」と「文理進学コース」の2コース制を敷いています。

「特進選抜コース」は、難関国公立・私立大学をめざす特進クラスと、G－MARCHレベルをめざす選抜クラスに分かれていて、目標大学への現役合格を勝ち取るための徹底したサポートが行われています。

「文理進学コース」には、文理進学クラスと英語選抜クラスがあり、学校推薦型や総合型選抜など、近年多様化する入試制度を活用して志望大学への現役合格をめざします。

いずれのコース・クラスも、2年進級時の学力によっては変更が可能なため、モチベーションを維持しながら1年次の学習に取り組むことができます。

また、文武一体教育をめざす修徳

ならではの施設も充実しています。
校舎と隣接する3階建て体育館には、アリーナと柔道場、剣道場が整備されていて、メイングラウンドは表面温度の上昇を抑えるクール人工芝を使用した本格的サッカーグラウンドで、周辺にはミストシャワーを設置するなど、熱中症対策も万全に整っています。

大学受験のための プログレス学習センター

修徳が誇る学習施設が、校舎に隣接する3階建てのプログレス学習センターです。2014年に大学受験専用学習棟として建設され、高1から高3まで自学自習の拠点として幅広く活用されています。

1階には、80席の独立した自習席があるプログレスホールやインターネット上で講義を視聴できるVOD学習用のコンピュータールーム、生徒の学習相談や進路指導を行うカンファレンスルームなどがあります。

2階は、壁面の色が、集中力を高めるブルー、理解力を高めるイエロー、リフレッシュ効果のあるグリーンの3つの講習室に分かれていて、生徒はその日の気分に合わせて講習室を選択し、放課後プログレスやハイレベル講習を受講しています。

3階では希望者を対象に、大手予備校講師と1対1の完全個別指導を行っています。また、グループ学習のためのコモンルームや気分転換ができるカフェラウンジもあり、生徒たちはそれぞれの目的に合わせて利用しています。

「1階から3階の施設全体で約350席の自習席があります。普段は毎日200人ぐらいが利用していますが、定期試験前になるとすぐに満席になります。IDカードで全生徒の入退室を管理していますので、大学受験を控えた高3生には優先的に席が割り振られます。土曜日も夜9時まで利用でき、学習をサポートするチューターが常駐していますので、気軽に質問や相談をすることができます」（小笠原健晴教頭）

初心者が参加できる クラブ活動が多いのも魅力

野球やサッカーなど全国レベルのクラブ活動が有名な修徳ですが、初心者でも安心して参加できるクラブ活動が、いま人気となっています。

その1つが「バドミントン部」です。創部わずか3年目ですが、週3日程度の活動で勉強との両立が可能なため、在籍する部員はすでに100名を超えています。

また、オオクワガタや熱帯魚の飼育、バラの栽培などを行っている「科学部」や平日2時間の活動に限られている「女子硬式テニス部」なども人気で多くの生徒が在籍しています。

さらに、近年、看護系や保育系の進路を希望する生徒が多いことを受け、今年度より「家庭科部」を創設しています。

「家庭科部では、調理や裁縫だけでなく、本格的な保育体験ができますので、将来、保育園や幼稚園の先生をめざしている生徒に大変好評です。本校には強豪といわれるクラブもありますが、初心者でも参加でき、勉強と両立できるクラブが多くあります。クラブ体験練習を随時実施していますので、興味のあるクラブがありましたら、ぜひ一度、体験してみてください」（小笠原健晴教頭）

SGHネットワーク参加校に認定！

佼成学園女子高等学校（こうせいがくえんじょし）

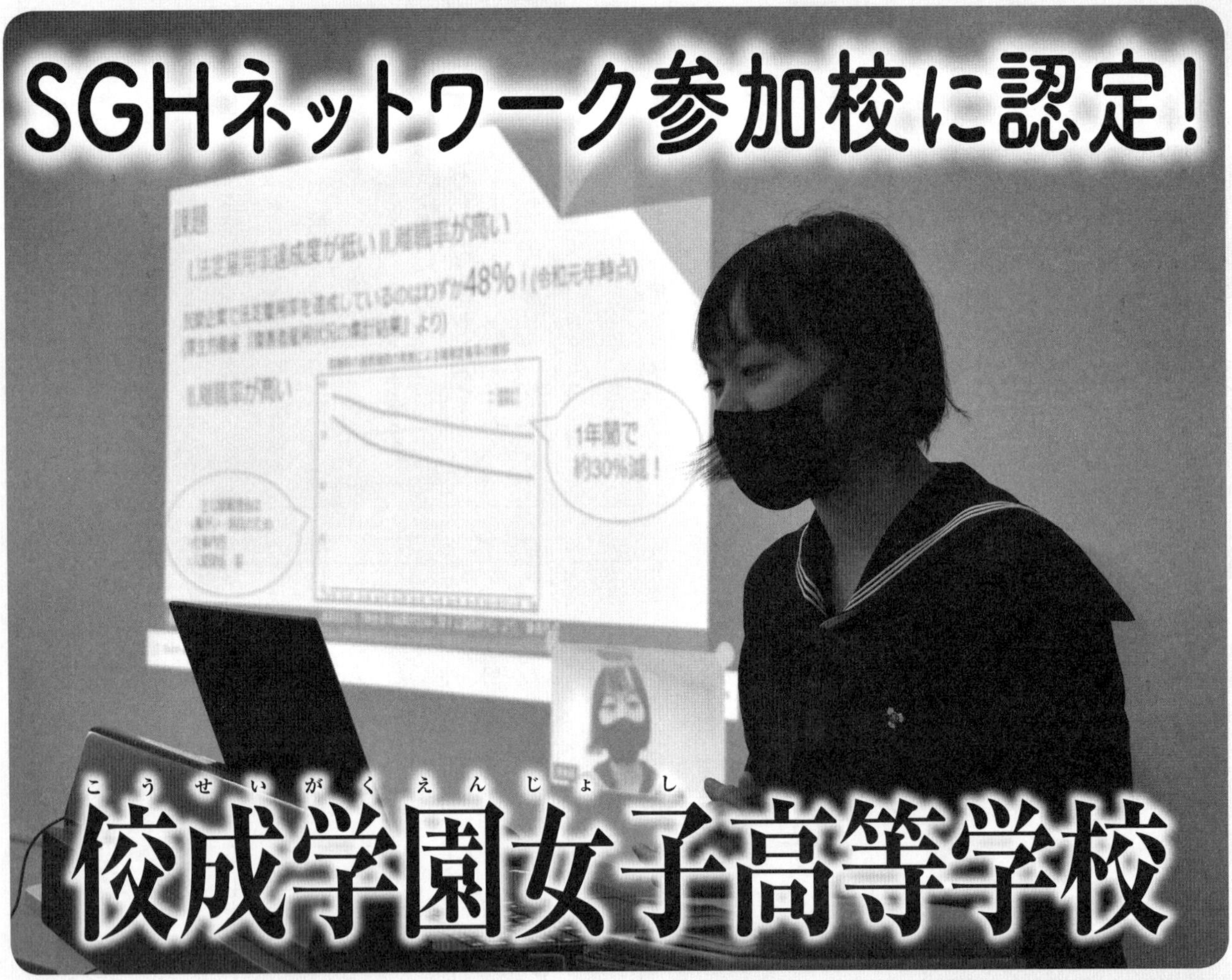

今年度より、国際理解教育および外国語教育の水準のさらなる維持向上を目的として文部科学省により設置された「SGHネットワーク」の参加校に認定された佼成学園女子高等学校（以下、佼成女子）。

コース制を再編し、中間試験の廃止に伴う新たな評価制度の構築、チーム担任制、真の高大連携など、様々な教育改革を進めています。

学びの変化を先取りした様々な教育改革を実施

「グローバルの佼成」として英語教育、留学、海外研修に定評がある佼成女子ですが、近年は「課題研究ゼミ」や「企業探究クエスト」など、21世紀型学力の根幹を成す課題解決型の探究学習を積極的に取り入れています。さらに今年から、「スポーツフェスタ」「乙女祭（文化祭）」と並ぶ三大行事の1つとして、探究学習の研究内容を発表する場である「Presentation Day ～知の発展～」を新たに設け、生徒全員のプレゼンテーション能力の向上にも力を入れています。

来年度の学習指導要領改訂にあわせたカリキュラムの見直しも行います。その1つとして、高2特進コースでは、新たに「キャリアデザイン」という科目を設けます。自分の興味のある大学の講義を受講するなど、生徒が主体的に学びを進めることができる時間で、学校推薦型や総合型選抜など多様な大学入試に対応できるキャリア展望を持つための取り組みと考えています。

また、新たな教育スタイルとしてスコレータイムを導入します。これはニュージーランド式時間割をアレンジしたもので、それぞれの生徒が自由に使える時間です。平日の朝はホームルーム＋スコレータイムを35分とし、水曜日は2時間目と3時間目の間に25分のスコレータイムを導入します。ニュージーランドに留学した生徒たちも有意義な時間として

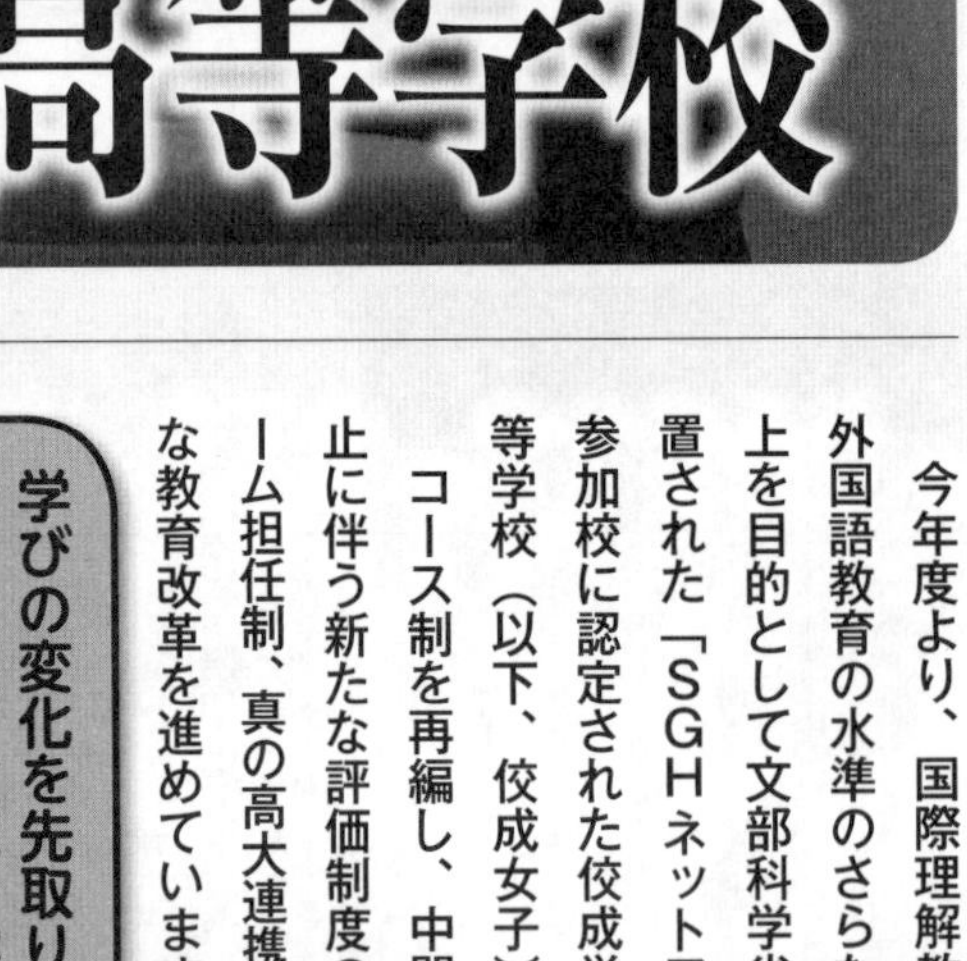

ゼミナール

利用していたようで、主体的な学びと協働的な学びを行う時間として、在校生たちも楽しみにしているようです。

特色ある3コース 4クラス編成

【国際コース】

国際コースは、「留学クラス」と「スーパーグローバルクラス」の2クラス編成です。

「留学クラス」は、高1・1月から高2・12月までの1年間、ニュージーランドの提携校にクラス全員が留学をします。現地ではホームステイ（1家庭1人）をしながら高校に通学し、現地の生徒と一緒に授業を受け、課外活動にも積極的に参加します。提携校1校につき2～3名が留学するため日本人同士のなれ合いもなく、留学に集中することができます。また、留学準備のための事前研修プログラムや現地駐在スタッフのサポート、帰国後の大学受験に向けたプログラムなどもしっかり整備されていて、毎年、国公立大学・難関私立大学への現役合格者や英検1級取得者が複数出るクラスです。

スーパーグローバルクラス・タイフィールドワーク

「スーパーグローバルクラス」は、1人ひとりが地球規模の課題のなかから自分のテーマを設定し、その研究を通じて主体的な探究力・課題解決力を養成します。高1は、研究の方法論や異文化理解に必要な基礎教養を学び、高2・7月にタイで行われるフィールドワーク（約2週間）で自ら設定したテーマを調査・分析します。そして高3では、その調査・研究成果をロンドン大学研修（約6週間）で英語論文として完成させ、プレゼンテーションします。

グローバルリーダーとして世界で活躍するための人間力や自立心が養われていきます。G-MARCHレベル以上への進学率が80％以上のクラスです。

高大連携授業の様子

【特進コース】

ハイレベルな授業で国公立大学・難関私立大学への現役合格をめざすコースです。高1では、5教科7科目をまんべんなく学び、高2からは希望進路により文系と理系に分かれます。高3は演習授業を中心に行い、志望大学合格のための学力を養っていきます。また、入学時より理系を希望する生徒には、高1から週2回7・8時間目を利用した「特設理科・特設数学」の授業があり、多くの実験や演習を行うことで、より一層理解度を深めていきます。

さらに、放課後や長期休暇中には受験専門スタッフによる特別進学講習などもあり、授業とリンクした内容で、三大女子大学・理系難関大学などの進学率は70％ほどになっています。

【進学コース】

勉強だけでなく、部活動や委員会活動、学校行事やボランティアなど色々な学校生活に思いっきりチャレンジしたい生徒のためのコースです。高1は5教科7科目の基礎を固め、高2から文系・理系の選択授業、高3では英・国・数の主要3教科に重きを置いたカリキュラムで、多様な大学入試を視野に入れた進路指導が行われます。

また、「食育」や「保育」といった選択科目を多く設定し、希望進路の受験科目に応じた時間割を組み立てることで、個々の習熟度や希望に合わせて無理なく大学進学のための準備ができるようになっています。

毎年、学校推薦型、総合型選抜での進学率が85％ほどになるコースです。

佼成学園女子高等学校〈女子校〉

所在地：東京都世田谷区給田2-1-1
TEL：03-3300-2351
アクセス：京王線「千歳烏山駅」徒歩5分

学校説明会（要予約）
11月27日(土)

夜の入試個別相談会（要予約）
11月17日(水)　11月24日(水)

出願直前個別相談会（要予約）
11月30日(火)　12月 2日(木)
12月 6日(月)　12月 8日(水)

入学願書は合格への第1歩

志望校への熱い思いを込めて丁寧に

東京都立高校は志願者自身の郵送出願に変更

東京都立高校は高校最寄りの郵便局留めで

この時期からの受験生がやらなければならない重要な仕事が「入学願書」の提出、つまり出願手続きです。願書の提出といっても、年ごとに出願方法に変更が加えられることもあるので注意が必要です。すぐ上の兄姉の受験を済ませたばかりの場合、保護者を含めて勘違いが起こります。

今般の出願では新型コロナウイルス感染症予防の観点から窓口出願を取りやめ、郵送に変更している学校があります。とくに30ページ既報の通り東京都立高校では全校で、志願者自身からの郵送受け付けに変更になっています。このなかで20校だけはWeb出願でも受け付けますが、この号の締切までに詳細は未発表でした。

これらは新型コロナウイルス感染症のリスクを極力減らすため、「密」を避けることが目的です。

「コロナ禍」による変化もあるので要注意

昨年は、所属の公立中学校に願書を提出、中学校がまとめて都立高校に郵送していました。その際に中学校の先生がチェックすることもできましたが、今回はそのワンクッションがありません。ですから、願書記入には細心の注意が必要です。

都立高校への出願は各校が指定する期間に、高校最寄りの郵便局留めで郵送します。各校の募集要項に、どこの郵便局に送るのかが指定されます。学校あてに送ることのないようにしましょう。

また、指定の郵便局に宅配便で送ったり、持参することも好ましくありません。本誌で取材したところ、尋ねた局のほとんどが「受け取りません」と答えています。必ず郵送で送るようにしましょう。

なお、他県の公立高校では学校に直接郵送という例もあります。

志願書はほとんどの欄を志願者本人が書く

志望動機をしっかり考える面接で尋ねられることも

高校受験における「入学願書」は、基本的に受験生本人が書きます。これも高校進学の第1歩と考えて、この学校に進学したいという思いを込めて書きましょう。

保護者氏名の署名欄など、保護者が書くことを求められる欄もあります。「受験生本人自署のこと」「受験生本人が記入すること」などの注意書きがある願書、また、その欄は、必ず本人が記入します。

願書記入欄のうち「志望動機」や「本校を志望した理由」などは本人が書く必要があります。

面接がある学校では、面接官が願書を見ながら質問をします。自分で記入しておかないと、書いておいたことと差異が出てしまいます。

「自己PRカード」や「自己推薦書」も同じことがいえます。

また、面接がない学校の場合は、願書の「志望動機欄」が唯一の意思表示の場です。入学したい思いを願書でしっかり伝えましょう。

保護者が記入すべきものには「健康調査書」などがあります。

必ず「見直し」をする まず捺印欄をチェック

書き終わった入学願書をチェックするときには、捺印の漏れがないかを、まず一番にチェックします。このミスが最も多いからです。

また、生年月日、中学校の卒業見込み年度などの数字も間違いやすいポイントです。学校によって元号で記す場合と西暦で記入する場合があります。現在の元号は令和、受験生が生まれたのは平成です。

私立高校の場合は、複数の試験日程のうち、自分が受験する日に○印をつける方式がほとんどです。受験日が間違っていないか、よく確認してから記します。

「緊急連絡先」の欄は、受験時のトラブル対処のためもありますが、合格発表時に補欠であったとき、「繰り上げ合格連絡」に使われるので、すぐに連絡が取れる電話番号を書き込みます。携帯電話の場合、氏名に続けて父、母など、持ち主の続柄を書いておきます。

願書が複写式の場合、必要なページにそれぞれきれいに複写されているかも確認します。

顔写真は、眼鏡なども含め受験日のスタイルで撮影し、指定された大きさにして貼ります。写真の裏に氏名を書いておけば、万一、はがれてしまったときにも安心です。

最後に、入試要項や「入学願書記入上の注意」を読み直して再確認します。

複数校の願書を記入した場合、封入時に他校の封筒に誤って封入するのを防ぐため、1校ずつ、記入から封入までを行うようにします。

願書提出時も要注意 提出期間は定められている

願書提出には郵送と窓口持参があります。郵送のみ、Webのみという学校も多くなりました。

提出期間は定められています。必着日を確認しましょう。

窓口持参の場合、願書記入に使用したペンと印鑑を持っていくことをおすすめします。受付で記入漏れの指摘を受けた場合に、その場で修正できるからです。

郵送の場合には、締切ぎりぎりの投函は避けましょう。窓口持参の場合は、土日に受付があるか、また、受付時間帯も調べておきましょう。とくに最終日は要チェックです。

返送されてきた受験票は、透明ファイルなどで学校別に分けて保管します。入試当日に他校の受験票を持っていくなどのアクシデントが起きないように注意しましょう。

学校と受験生双方にメリットがあるWeb出願

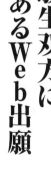

願書の取り寄せが不要で 学校への提出もスピーディ

Web出願は、公立高校ではまだ普及が進んでいませんが、首都圏ではほとんどの私立高校がWeb出願を採用しています。なかには窓口・郵送では受け付けないというところまであります。

Web出願ではインターネット上からダウンロードした願書に必要事項を入力し添付して送信します。

記入は志願者本人でなく保護者が行ってもOKです。

受験勉強の追い込みの時期に時間や手間が節約でき、急な志望校変更などにも対応しやすいため、Web出願は受験生にとって、嬉しい出願システムといえるでしょう。

学校まで行かず、また返信用封筒を入れて学校に郵送請求するなどしなくとも、願書の関係書類が手に入るメリットも大きいです。

学校側にも、願書を多くの受験生に郵送したり、一度に願書が殺到したりするなどして起こる業務の煩雑さが軽減するメリットがあります。

ただ、紙の願書に比べて便利になったとはいえ、これらの手順は、学校によっても違いがありますので、決まりをよく確認しましょう。

出願が受け付けられたかどうかは確認のメールが返信されます。

受験生のための Q&A

得意教科も苦手教科もないので、どの教科の勉強に力を入れればいいかわかりません。

私は得意教科や苦手教科というものがとくにないので、定期テストや模試などの得点も５教科とも平均的です。このように教科によって成績の差がない場合、今後どの教科に力を入れて勉強したらいいでしょうか？

（東京都府中市・YK）

苦手教科がないのは大きな強み。それを活かすためにも得意教科を作ってみましょう。

苦手教科があると、その克服に向けて時間も力も注がなければなりません。苦手教科がないということは、その分の時間や力をほかの教科の勉強に回すことができます。つまり、現時点でどの教科もバランスよく得点できているのは受験においてかなりの強みです。とくに５教科入試に向いているタイプだと思います。

その強みをさらに活かすためには、できれば国語・数学・英語のうちいずれか１つを、自分の得意教科として伸ばしていくことをおすすめします。なぜこの３教科をあげたかというと、これらは私立高校入試でも公立高校入試でも必要になるからです。

公立高校が第１志望でも、多くの場合、私立高校を併願するでしょうから、主要３教科のなかに１つでも得意なものがあると、大きなアドバンテージになります。まずは得意にしたい教科の勉強時間をほかの教科より少し多めにとってみましょう。

そこでどんな勉強に取り組むのがいいかは学年によって異なりますが、中３のいまの時期であれば、実践的な学力を培うことが最も効果的です。志望校の過去問や自分に合った問題集を用意して、時間を決めて解いてみてください。

そして、問題を解いたあとは誤った部分について、なぜ間違えたか、１つひとつ丁寧に分析していきましょう。そうした積み重ねが学力を高めていくことにつながります。得意教科を作ることは、合格への足がかりになるので、ぜひ試してみてください。

Q 定期テストの前日に眠れないせいで、翌日の試験にも悪影響が出ています。

私は定期テストの前日、なぜか目がさえて眠れなくなります。そのため当日は思うように力が発揮できないまま試験が終わってしまうことがよくあります。いまはまだ中１ですが、このまま受験学年を迎えるのは不安なので、解決方法があれば教えてください。　（千葉県千葉市・AS）

A 緊張するのは真剣に臨んでいる証。緊張感とうまくつきあう方法を模索してみて。

なかなか寝つけないのは「定期テストの前日」ということですから、原因はおそらく緊張によるものだと考えられます。そうした緊張は多かれ少なかれ、ほとんどの人が経験するものです。それに緊張するということは、それだけ真剣に試験に臨んでいる証でもあると思います。そう聞くと、少し心が軽くなってきたのではないでしょうか。

各学期の成績評価には定期試験の結果も加味されますから、高得点をマークしておきたい気持ちはわかります。しかし、１度や２度、点数が低かったからといってそれで行ける高校が狭まってしまうわけではありません。

また、今後は各種模擬試験（模試）を受ける機会も増えてくると思います。模試もあくまでその時点での到達度を知るために受けるものですから、結果がよくても悪くても高校入試に直接影響するものではありません。

定期テストも模試も、大切なのは点数そのものよりも、しっかりと振り返りをして、結果をふまえて自分の弱点を克服していくことです。そうしたことをあらかじめ理解しておけば、緊張しすぎて眠れない状態におちいる回数は減っていくのではないでしょうか。

なお、適度な緊張感を持つことは、決して悪いことではありません。受験生になるまでまだ時間がある、いまのうちから緊張感との上手なつきあい方を身につけておきましょう。そうすれば入試本番ではきっと、落ち着いた気持ちで試験に臨めるはずです。

保護者のための Q&A

Q 勉強したはずなのに、思うように点数が伸びず落ち込む子どもにどんな言葉をかければいいですか？

定期テスト前にきちんと勉強していたのに、あまりいい点数が取れなかった息子。努力した分、かなり落ち込んでいて、今後の勉強にも響いてしまいそうです。自信を失った子どもに親ができる声かけはなにかありますか？

（東京都練馬区・EY）

A 失点の原因にお子さん自身が気づくように、親子の会話を通して導いてあげてください。

定期テストに向けてしっかりと勉強したつもりなのに満足のいく点数が取れず落ち込んでいる。こういったお子さんの姿を見たことのある方は少なくないでしょう。子どもはどうしても努力の結果が「点数」として表れると思っているので、必要以上に気にしてしまいがちです。

しかし、努力したのに思うように得点が伸びなかったからといって、ただ落ち込んでばかりいては次につながりません。終わったことは終わったことだと気持ちを切り替えて、今後同じ失敗をしないよう、反省と改善を重ねていくことが大切です。

ですから、保護者のみなさんはまず「済んだことはクヨクヨと気にしない方がいい」というアドバイスをしてください。そして、「なぜ思った通りの結果が出なかったのか」をお子さんといっしょに考えてみましょう。学習方法や使用教材、スケジュールの立て方、時間の使い方など、どこかに原因があるはずです。

ただ、原因に気づいたとしても頭ごなしに指摘しないようにしてください。保護者の方にお願いしたいのは、お子さん自ら改善点に気づけるように、うまく会話をリードすることです。

じつはその気づきこそが、受験勉強においては大事なのです。「だれかから言われたから」という理由で勉強に取り組むのではなく、お子さん自身で弱点に気づき、弱点を克服するためにはどうすればいいか、自分で試行錯誤する経験をしていくなかで、お子さんは大きく成長していくことでしょう。

コロナ禍で迎える受験期において、気をつけるべきポイントは？

コロナ禍において、子どもの体調にはとくに注意を払っています。食事は栄養のあるものを作り、外出する際は小さな容器に入った消毒液を持たせるようにしていますが、ほかに気をつけるべきポイントがあれば教えてください。

（神奈川県横浜市・HU）

引き続き、マスクの着用、換気、手洗い・うがいを徹底しましょう。

なかなか出口の見えない情勢で、とくに受験を控えたみなさんは、なにかと心配ごとも多いでしょう。すでに様々な対策を講じているご家庭がほとんどだと思いますが、ここで改めて確認しておきましょう。

新型コロナウイルス感染症は、会話や接触などによってウイルスが手指を通じて口や鼻に入り込んでしまうために感染する事例が圧倒的に多いようです。

そこでまず有効なのが、マスクの着用です。スキマができないように、顔の大きさに合ったものを選びましょう。口だけではなく、きちんと鼻までカバーすることも大切です。また、同じマスクでも素材によって性能は異なります。受験生のみなさんは、可能な限り不織布マスクの着用をおすすめします。

学校や塾では、感染防止のため定期的に換気をしているはずです。寒い季節は窓を開けると冷気が入ってくるので、風邪をひかないように服装に気をつけましょう。例年インフルエンザも流行しますから、この時期は学校や塾以外の人が集まる場所への外出は避ける方が安心です。

そして、手洗い・うがいは、新型コロナウイルス感染症対策の基本中の基本です。帰宅時はもちろんのこと、外出時に食事をとる際なども手洗いは必ずするようにしてください。

本誌締切（10月18日）時点では第５波の罹患者は減少していますが、いつ第６波がくるかわかりません。気を引き締めつつ、気をもみすぎず、しっかり感染対策を行っていきましょう。

目黒日本大学高等学校

東京　共学校

問題

下の図のように，長方形から斜線部を切り取ると円柱の展開図ができあがります。

長方形の横の長さが6πcm，円柱の側面積が90πcm^{2}のとき，次の問いに答えなさい。

（1）円柱の高さは［ア｜イ］cmです。

（2）斜線部の面積は［ウ｜エ］πcm^{2}です。

（3）組み立てた円柱の中に，底面を共通とする円錐を入れます。円柱の体積と円錐の体積が4：1となるとき，円錐の高さを求めなさい。

（一部省略）

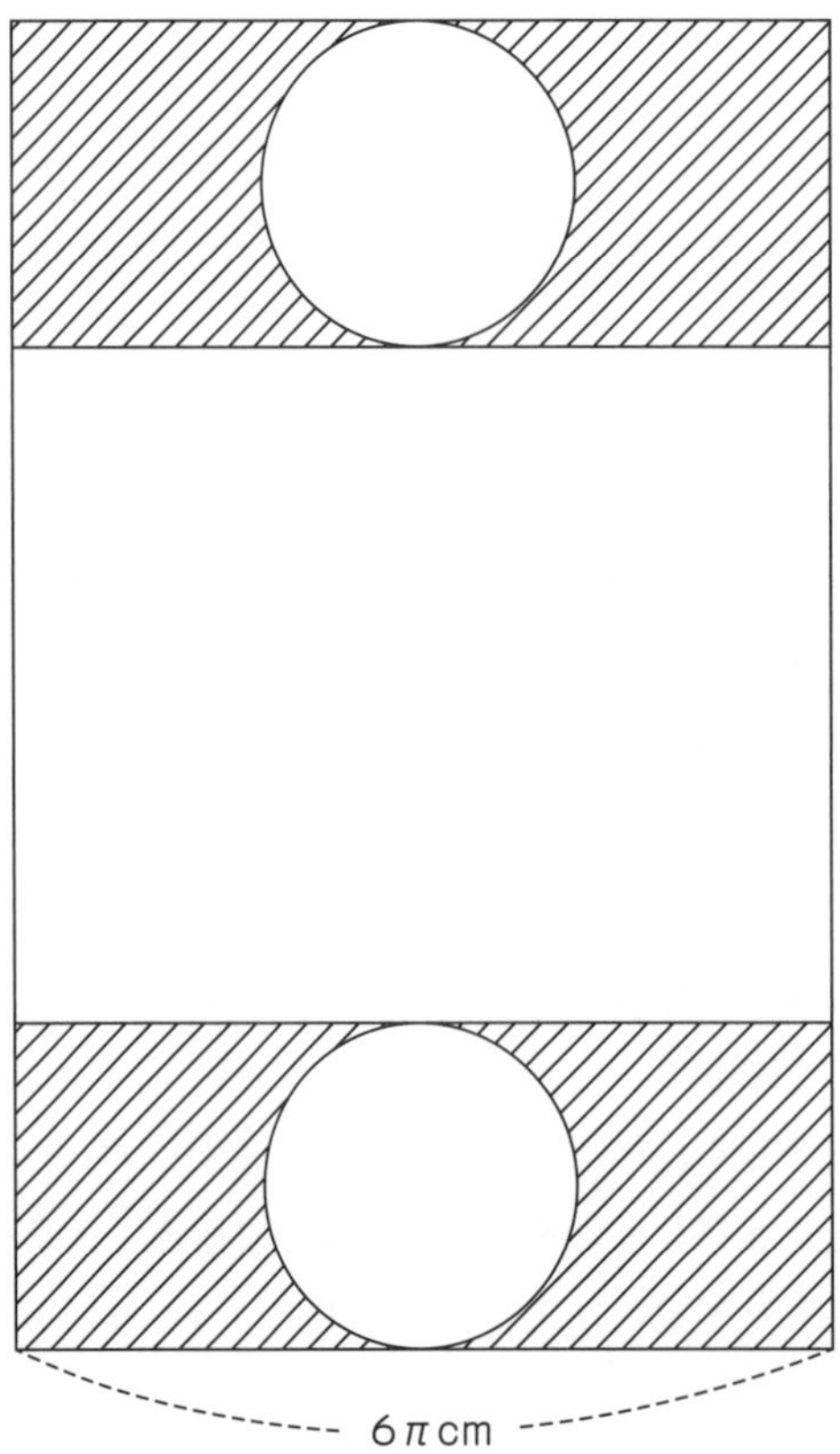

解答　(1) ア：1　イ：5　(2) ウ：5　エ：4　(3) $\frac{45}{4}$cm

●東京都目黒区目黒１-６-15
●JR山手線・地下鉄南北線・都営三田線・東急目黒線「目黒駅」徒歩５分
●03-3492-3388
●https://www.meguro-nichidai.ed.jp/senior/

【学校説明会】要予約
11/27（土）14：30～
12/ 4（土）14：30～

工学院大学附属高等学校

東京　共学校

問題

[1] 2つの放物線 $y=2x^2$, $y=4x^2$と，点A（2, 0）を考える。
点Aを通りy軸に平行な直線と放物線$y=2x^2$との交点をB，点Bを通りx軸に平行な直線と放物線$y=4x^2$との交点のうち，x座標が正であるものをCとする。
（1）点Bの座標を求めなさい。
（2）点Cの座標を求めなさい。

[2] 次の曲線は，反比例の関係を表すグラフの一部で，2点A（2, 5），B（10, 1）を通る。

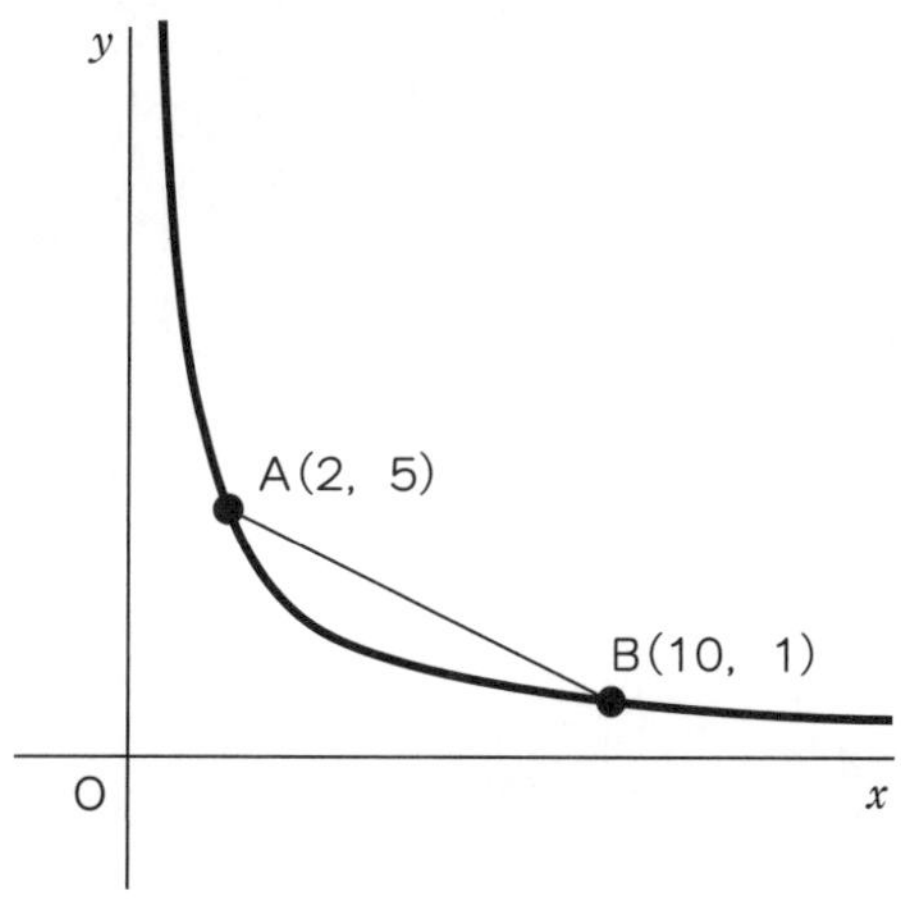

（1）この反比例の関係について，yをxの式で表しなさい。
（2）直線$y=ax$が線分AB上の点（端の点を含む）を通るとき，aのとりうる値の範囲を求めなさい。

解答　[1]（1）(2, 8)　（2）($\sqrt{2}$, 8)　[2]（1）$y=\frac{10}{x}$　（2）$\frac{1}{10}\leqq a\leqq\frac{5}{2}$

●東京都八王子市中野町2647-2
●JR中央線・横浜線・八高線「八王子駅」、京王線・京王高尾線「北野駅」、JR八高線・五日市線・青梅線・西武拝島線「拝島駅」、JR山手線ほか「新宿駅」、京王相模原線「南大沢駅」スクールバス
●042-628-4914
●https://www.js.kogakuin.ac.jp/

【部活動体験会・ミニ学校説明会】要予約
11/23（火祝） 13:00～

【学校説明会】要予約
11/27（土） 14:00～
12/ 4（土） 14:00～

東京都 ● 共学校

成蹊（せいけい）高等学校

1912年創立の成蹊実務学校を前身とし、「個性の尊重」「品性の陶冶（とうや）」「勤労の実践」の建学の精神を受け継ぐ成蹊高等学校。1935年に海外勤務者子女のための「操要学級」、1964年には国際特別学級を設置するなど、帰国生教育にも長い歴史と伝統があります。今回は、入試部長の坂井史子先生にお話を伺いました。

帰国生受け入れの伝統と新しい時代の人材教育

本校の帰国生向けのクラスは1935年設置の「操要学級」が始まりですが、それ以前から帰国生を受け入れており、90年近い歴史があります。

現在、高校には国際学級を設けておりませんので、高校入試で帰国生入試を受験して入学した生徒も一般クラスに入ります。

小学校、中学校からの内部進学の生徒も含め、高校入学時点では15～20%くらいが帰国生です。帰国生が決して特別な存在ではないのが本校の特徴です。

また、保護者の転勤によって、入学後にもう一度海外へ行くことになった場合には、高3の2学期までに帰国すれば復学ができる再受け入れ制度も設けています。

そして成蹊では、全人教育を大切にしています。きちんと学力を身につけることはもちろんですが、解答のない社会にあって、新たなものを創造する「0to1（ゼロトゥワン）」の発想力を持った人材を育てたいと考えています。

実際に、ダイバーシティについて研究しているグループがあったり、生徒会で東北の復興ボランティアや盲導犬の支援をしていたりと、いろいろな生徒が自分の居場所を見つけて、活躍の場を得られる環境があります。

最近も、環境問題に関心がある生徒が校長室を訪れ相談をした結果、企業と協働した新しい企画が始まりました。

多彩な国際理解教育プログラム

英語の授業は、高1は2グレード、高2・高3では3グレードに分けて習熟度別に展開しています。それとは別に、放課後には自由選択の演習を設けています。帰国生用の「アド

アドバンスト・イングリッシュの様子

バンスト・イングリッシュ」では、プレゼンテーション、ディスカッション、ディベートなど、現地校やインターナショナルスクールで身につけてきた力を伸ばしていきます。

国際理解教育の一環として、多彩な留学プログラムも設けています。アメリカの名門10校に数えられるセントポールズ校とは1949年から交流が続いています。

また、オーストラリアのカウラ高校とは1970年から交換留学を開始しました。カウラは第二次世界大戦時に捕虜収容所があり、日本人捕虜の脱走事件があった街です。そうした歴史的経緯からも意義深い交流となっています。

海外での授業の受講や進学を目指す生徒のためには、アカデミックスキル講座や上級TOEFL講座、SAT講座などを設けてサポートしています。いずれも、ネイティブ教員のアカデミック・アドバイザーが担当するレベルの高い講座です。

受験しやすくなった帰国生入試

高校入試では昨年、帰国生入試の日程を変更し、より多くの帰国生が受験しやすくなりました。

出題のレベルは一般入試とそれほど変わりませんが、英語は語彙数やライティングの分量が多くなっています。一方で、国語では古文が出題されません。日本人学校・現地校・インターナショナルスクールのいずれの学校の出身であっても実力を測れるように、幅を持たせています。

面接試験は日本語でのコミュニケーションを重視しています。海外での学習や部活動、友達とのコミュニケーションの様子を聞きます。

一人ひとりの希望を叶える進路選択

卒業生の進路は多様化しています。内部推薦制度で3割が成蹊大学へ進学しますが、他大学の医学部や国際教養系の学部を志望する生徒や海外大学へ進学する生徒もいます。

学校としては、一人ひとりの希望を叶えることを第一に考えています。選択肢の幅が広いので、入学時には将来の目標が決まっていなくても大丈夫です。

帰国生には、海外でしかできない経験によって、日本とは異なる価値観に出会ってきてもらいたいです。自分に自信を持って帰国してもらえれば、本校には個性を生かして活躍できる場がありますから、安心して入学してきてくれるとうれしいです。

入試部長
坂井 史子（さかい ふみこ） 先生

スクールインフォメーション

所在地：東京都武蔵野市吉祥寺北町3-10-13
アクセス：JR中央線・総武線・京王井の頭線「吉祥寺駅」バス5分・徒歩8分／JR中央線・総武線「三鷹駅」バス8分・徒歩10分／西武新宿線「武蔵関駅」徒歩20分／西武新宿線「西武柳沢駅」バス15分
TEL：0422-37-3818
URL：https://www.seikei.ac.jp/jsh/

2021年4月　成蹊大学推薦者数

経済学部…5名／経営学部…36名／法学部…28名／文学部…18名／理工学部…7名
〈おもな他大学合格実績〉
東京大…2名／東京工業大…1名／筑波大…1名／早稲田大…34名／慶應義塾大…22名／上智大…33名

中学生の未来のために！
大学入試ここがポイント

このページは大学に進むことを前提に、中学生の学びを考えていくページです。
高校受験の舞台に上がる前に、その先の大学のこと、
大学入試のことを情報として取り入れておくことはとても重要です。

来年度の大学入学共通テスト出願者1万人余の減少に

NEWS

50万2000人の出願で4年連続の減少傾向

大学入試センターは２０２１年10月7日、２０２２年度大学入学共通テストの受付最終日を迎え、出願状況を公表しました。出願総数は50万１９８１人。前年度同時期の出願総数より1万２６７０人の減少となりました。

その内訳は、高校3年生が43万３４９１人、個人で直接出願する過年度生（既卒者）が6万８４９０人。前年度の受付最終日の出願状況と比べると、高校3年生が７０６４人減、過年度生が５６０６人減。現役生、既卒者ともに減少し、これは4年連続です。

過年度生による直接出願者は、締め切り日の消印有効となるため、実際の確定出願者はこの数字よりは多くなるのが通例です。前年度の確定出願者数は53万５２４５人でした。

確定出願者数は重複出願等の確認、確認はがき（出願受理通知）の送付とその後の訂正、加えて試験場の指定を行ったのちに確定します。

試験場一覧等とともに確定出願者数は12月上旬に発表予定ですが、前年度より1万人あまりの減員は間違いないものとみられます。

２０２２年度大学入学共通テストは、大学入試センター試験から改変されて実施される2回目で、実施期日は、本試験が２０２２年1月15日・16日、追・再試験が1月29日・30日に行われます。

【出典／大学入試センター「令和4年度大学入学共通テストの出願状況（受付最終日）」】

志願者減った都市圏の私大定員充足率では堅調維持

本誌前号にあたる『秋・増刊号』のこのコーナーで、前年度入試での都市部私立大学の志願者減少をお伝えしました（内閣府の調査による）。

これとは別に、日本私立学校振興・共済事業団は9月、前年度（２０２１年度）私立大学・短期大学等入学志願動向として、とくに入学定員充足率を中心に公表しました。

発表によると、全国私立大学等の入学定員充足率は前年度比2・8ポイント減の99・81%でした（前年度は１０２・61%）。１９８９年度（平成元年度）からの推移をみると、充足率は初めて１００%を下回りました。

しかし、前号でお伝えした志願者数では減少した都市部の大学等では、定員充足率は１００%を超えたところが多く、逆に小規模大学や地方大学は、深刻な減少傾向にあることがわかりました。

この調査では、前年度の入学定員や志願者数、入学者数等を集計し、入学定員充足率や志願倍率等

私立大学の定員充足率100%下回る

の動向を規模別、地域別、学部系統別にまとめたもので、調査基準日は2021年5月1日、集計校数は大学597校、短期大学286校、大学院479校。

集計の結果、志願者と受験者、入学者は前年度と比べて減少したものの、入学定員と合格者は増加。入学者数は前年度比9617人減の49万4213人でした。

定員割れ（入学定員充足率が100%未満）の大学は93校増加して277校となり、大学全体に占める未充足校の割合は15・4ポイント増加して46・4%となり、半数に迫っています。

定員割れ大学の割合は、2017年度から上昇を続けていました。その減少要因として、大規模大学への「定員超過へのペナルティ厳格化」があげられます。都市部の大規模大の定員超過が是正され、その結果、他大学の入学者が増えていたところへ、前年度については志願者の減少幅がとくに大きかったため、その反動から入学者の確保ができなかった大学が増えたものとみられます。

地域別で入学定員充足率100%を超えたのは、「北海道」「宮城」「関東（埼玉、千葉、東京、神奈川を除く）」「東京」「愛知」「大阪」「福岡」でした。逆に地方の大学等では、北陸や九州等では100%を割っています。なかでも四国の充足率は87・2%と低調、中国の充足率も広島県を除けば87・9%となっています。

学部系統別にみると、人気が落ちついてきた歯学系（75・8%）や卒業までに6年かかるようになった薬学系（88・6%）の定員充足率の低さがめだちました。歯学系では約半数の大学が充足率80%を下回っています。

農学系（96・4%）、家政学系（94・1%）、教育学系（94・4%）等も充足率はやや低く、乱立しているせいか国際系の学部の充足率も低くなっています。

【出典／日本私立学校振興・共済事業団　私学振興事業本部『令和3年度私立大学・短期大学等入学志願動向』】

東大入試突破への現代文の習慣

東大入試を突破するためには特別な学習が必要？ そんなことはありません。身近な言葉を正しく理解し、その言葉をきっかけに考えを深めていくことが大切です。田中先生が、少しオトナの四字熟語・言い回しをわかりやすく解説します。

早稲田アカデミー教務企画顧問
田中としかね

東京大学文学部卒業
東京大学大学院人文科学研究科修士課程修了
専攻：教育社会学
著書に『中学入試 日本の歴史』『東大脳さんすうドリル』など多数。文京区議会議員、第48代文京区議会議長。文教委員長・議会運営委員長・建設委員長を歴任。

田中先生の「今月のひと言」

目には見えないでしょうが、今日も確実に成長しています！

今月のオトナの言い回し

コストパフォーマンス

中学生の皆さんの間でも、「コスパがいい」「コスパが悪い」といった言い回しを耳にする機会は多いのではないでしょうか。テレビ番組では連日「コスパ最強！」などとあおりながらさまざまな商品を紹介していますよね。「コスパ」というのは「コストパフォーマンス」を略した言葉になります。当然もとは英語でcost performanceとつづります。「コスト（cost）」は「かかる費用」を、「パフォーマンス（performance）」は「得られる効果」を、それぞれ意味します。ですから合わせて「費用対効果」、すなわち「かけた費用に対して、どれくらいの効果が出せたのか」という指標を意味することになるのです。低い費用で高い効果が得られるならば「コスパがいい」、その逆は「コスパが悪い」と表現されるわけです。最近の用法では、「コスト」として想定される範囲が、「費用＝お金」だけではなく「時間をかけること」「労力をかけること」といった観点にも広がっています。ですから「手間をかけなくても完成する」だの「時間をかけずに結果が出せる」だのといった、「目先の効率性」を最優先したプログラムが「コスパ最強！」と、もてはやされることになるのです。

こんな話題が耳に入ると「時間や手間をかけなくて、テストの結果が残せるなら最強なのに！」と、勉強についても「コスパがいい」やり方はないだろ

うか？　と思ったりしますよね。定期テストが直前に迫った中学生の誰もが考える「普遍的な」テーマなのかもしれません。何を隠そう私も中学生だったころには「テストに出題されるところだけ覚えておけば効率がよい」と考えて、暗記する範囲をできるだけしぼってテストに臨んだものですよ。「コスパ」などという言葉が流通する以前の話ですが。テスト結果については推して知るべし。目を覆うばかりの悲惨なものでした。「今回のテストの範囲では、ここを理解して、このポイントを直前にチェックしておけばよい」ということが事前にわかっているならば「コスパがいい」勉強も可能なのでしょうが、中学生の私にとってそれは「山をかける」ことに過ぎず、直前に覚えたことがテストに全く出題されなかった場合には「コスパ最悪！」という結果を招くだけでした。でも皆さんはご心配なく。塾のカリキュラムはまさに「ここを理解して、このポイントをチェック」という視点で、中学生にとって「今、必要な学習」を提示しているのですからね。あわてずにしっかりとカリキュラム通り学習に取り組むことが、自ずと「コスパ最強」につながっていくのですよ。

さて、受験勉強を含むテスト対策の勉強について、「コスパ」にとらわれ過ぎてしまうと「それってテストに出ますか？」という発想におちいる危険を指摘しておきたいと思います。特に授業の内容について「コスパ最強」という観点のみで構成されてしまうとどうなるのか？　少し想像してみてください。授業を「情報伝達の場」だと考えて、コスパの指標を上げようとすれば、単位時間当たりの「情報量」を最大化すればいいことになります。「テストに出る」という内容を詰め込めるだけ詰め込むのです。「1回の授業で20単元分のまとめです！」などといって「お得感」を出せば「コスパ最強」という話にもなりそうですよね。ところが、いくら「テストに出る」内容を伝えたとしても、実際に「テストで点が取れるかどうか」は別の話なのです。そのことを教室の現場にいる講師はよく知っています。どういうことか？　「コスパのいい授業」という考え方では、目の前にいる生徒へのフォローが抜け落ちてしまうからなのです。授業の目的は「生徒の合格」にあるわけですから、生徒本人がテストで点を取れるようにしなければ意味がありません。

「授業では話した内容ですよ」と、情報を与えただけで終わりにはできないのです。生徒の立場で「教えてもらったこと」というのは、「必ず忘れるものである」ということを、私たちは経験則として痛いほど知っています。情報＝知識は、生徒が「自分で気付いた」ことにしなければ記憶には定着しないのです。だからこそ授業中にも生徒に問い掛けるのです。あえて答えを教えない（＝情報を与えない）こともあります。説教をしているようにも見えるでしょう。それは無駄な「労力」や「時間」に思えるかもしれません。しかしながら「授業」とは、生徒の成長に資するものであるべきです。たとえ短期的には回り道になったとしても、長期的に見れば生徒のためになる。それが「コスパ」といった目先の効率性では計ることのできない「授業」の本質なのだと私は思います。

今月のオトナの四字熟語

凡事徹底

「時間や手間をかけずに、結果を残したい」というコスパ最強の考え方に対して、そこから最も遠い地点にあるといえる対極的な考え方は「時間や手間をかけなければ、結果は残せない」というものになるでしょう。しかし、「膨大な時間と手間をかければ成功する可能性が上がります」と言ってしまえば、「それは当たり前でしょう！」と誰もが思うだけで、むしろ「もっといい方法はないのか?」とコスパを意識する方が健全な反応だとも思います。重要なのは「どのように取り組むのか」という姿勢の問題になるのです。

「小さなことを積み重ねることが、とんでもないところへ行くただ一つの道」だと語ったイチロー選手を思い出します。メジャーリーグの年間最多安打記録を打ちたてた際の記者会見での言葉です。イチロー選手は、まだ日本のプロ野球の新人だったときに、「今までに、これだけはやったなといえる練習はあるか」と聞かれたことがあるそうです。その際に次のように答えました。「ぼくは高校生活の3年間、1日にたった10分ですが、寝る前に必ず素振りをしました。その10分の素振りを1年365日、3年間続けました。これが誰よりもやった練習です」と。「小さなことの積み重ね」が結果的に「膨大な時間と手間」をかけたことになっていればいいということです。

「凡事徹底」という四字熟語があります。「凡」という文字には「ありふれた」「ふつうの」という意味があり、「凡事」で「ありきたりなこと」「当たり前のこと」を表しています。「徹底」は、「態度・行動が中途半端でなく、一つの考え方で貫かれていること」です。「凡事」と「徹底」の二つの熟語を組み合わせた「凡事徹底」は、当たり前のことを徹底的に突き詰めて行うことを言い表す四字熟語になります。

「素振りを10分」は基礎的なことですが、毎日欠かさず続けることが重要です。まさに「凡事徹底」です。「とんでもないところへ行くただ一つの道」という言葉の重みを感じてください。皆さんもぜひ「1日10分」でいいですから「続けられること」を始めてみてください！　イチロー選手が「寝る前に」実行していたように、どのタイミングで行うかは決めておくべきです。それは「寝る前には歯を磨く」と同じように「習慣」にするためです。学校から帰ったらすぐにノートに数学の問題を解く、寝る前に必ず英語の音読をする、こうした積み重ねが学力を引き上げる道筋となるはずです。

また、勉強だけでなく続けてほしい習慣があります。「経営の神様」との異名を持つ、パナソニックの創業者である松下幸之助さんは、人材育成において「凡事徹底」を教育方針の一つにしていました。その内容は「あいさつをすること」「整理整頓をすること」など、身の回りのことを意識して実行するということです。「必ず行う」という姿勢が重視されました。

皆さんも「朝友達に会ったら大きな声であいさつする」ことや「夜ベッドに入る前に、机の周りを整理整頓する」といった、習慣にできることから始めてみてください。気持ちがすっきりとして、前向きに物事に取り組めるようになりますよ。目に見えるほどの変化は起きなくても、毎日続けることで確実に成長していけるのです。

その研究が未来を拓く

研究室にズームイン

東京大学史料編纂所
古代史料部門
本郷和人（ほんごうかずと） 教授

日本にまつわる史料を収集し史料集を編纂・刊行する

日本には数多くの研究所・研究室があり、そこではみなさんの知的好奇心を刺激するような様々な研究が行われています。このコーナーではそんな研究所・研究室での取り組みや施設の様子を紹介していきます。今回訪れたのは、東京大学本郷キャンパスの一角にある東京大学史料編纂（へんさん）所。ここで様々な史料を編纂する本郷和人教授にお話を伺いました。

本郷 和人（ほんごう かずと）

東京大学文学部卒業、同大学院人文科学研究科博士課程単位取得退学。同年、東京大学史料編纂所に入所。助手、助教授を経て現職。著書に『日本史のツボ』（文藝春秋）、『東大教授がおしえる やばい日本史』（ダイヤモンド社）など。

史料編纂所ってどんなところ？

「研究室にズームイン」のコーナーでは、これまで宇宙やロボット、建築、生物など、おもに理系分野の研究を数多く紹介してきました。そうした研究は多くの方が想像する「研究室」のイメージ通りだったのではないでしょうか。

　今回登場するのは、そんないままでの研究とはひと味違った「歴史」に関する研究を行う、東京大学史料編纂所（以下、史料編纂所）の本郷和人教授です。

「みなさんは歴史に関する研究と聞いて、どんなことをイメージしましたか？　歴史＝暗記の学問というイメージを持っている方がほとんどだと思います。ですからきっと、歴史を専門的に研究するといってもどんなことをしているのか、想像がつかないですよね。そんな方々に、歴史を学ぶことの楽しさを伝えたいと考えています」と話す本郷教授に、色々なお話を伺ってきました。

　まず尋ねたのは、史料編纂所とはどんなところなのかということ。ここは古代から明治維新期にかけての日本にまつわる様々な史料を収集・分析し、それらをまとめた史料集を編纂・刊行している研究所です。

　前身は、江戸時代に塙保己一（はなわほきいち）によって創立された和学の研究・教育機関、和学講談所。そこで収集・編纂された数々の史料は、明治新政府が行った修史事業[※1]に引き継がれ、組織はやがて帝国大学（のちの東京大学）へと移管されたため、東京大学本郷キャンパス内に施設をかまえているのだそう。現在在籍しているのは60人弱の研究者で、次のような部門に分かれて研究を行っています。

・古代史料部門
・中世史料部門
・近世史料部門
・古文書・古記録部門

※1　歴史書を編纂すること

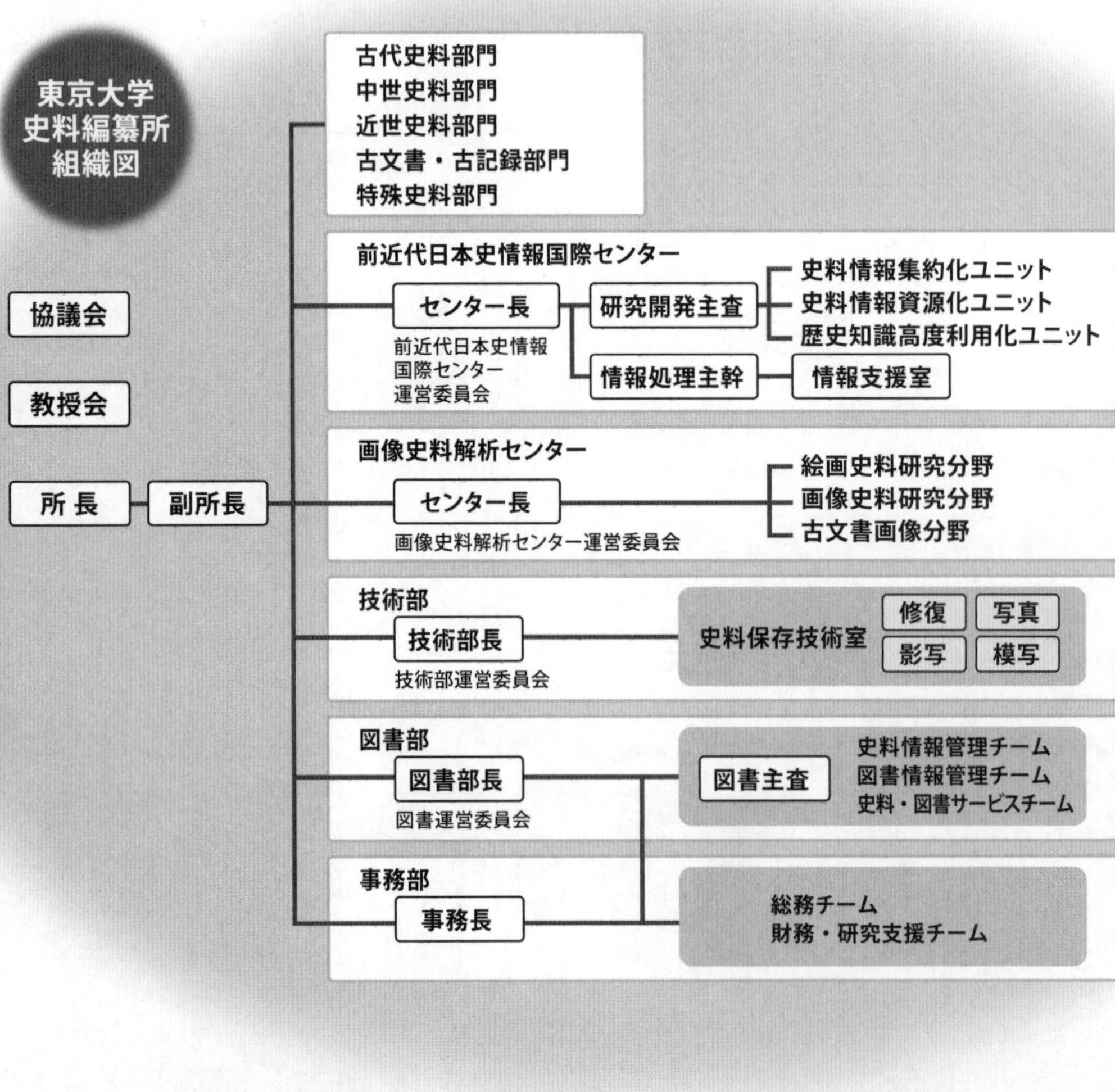

長い時間をかけて編纂される『大日本史料』。本郷教授が在籍する古代史料部門の研究室には第1編〜第5編が並んでいます。

・特殊史料部門

古代史料・中世史料・近世史料はそれぞれの時代に対応する史料を編纂する部門、古文書・古記録は武家や公家、寺社に伝わる古文書や日記について研究する部門、特殊史料は史料学、歴史地理といった歴史史料の基礎に関する研究をする部門です。このうち本郷教授は古代史料部門に所属しています。

ほかにも、おもに史料の保存・修復を担う技術部、絵画や絵図史料などの解析・研究を行う画像史料解析センター、各種史料のデータベースを構築する前近代日本史情報国際センターなども併設されています。

努力を積み重ねて史料を読み解いていく

古代史料部門・中世史料部門・近世史料部門の3つの部門すべてがかかわるのが、『大日本史料』の編纂です。『大日本史料』とは、歴史上の出来事をまとめた史料集のこと。その出来事を知る人が書いた記録、事件にかかわる文書、関連人物に関する系図など、幅広く史料を収集し、事件の推移がよくわかるように並べていくのです。

『大日本史料』は887年から1867年までの980年を16編に分けて刊行するため、第1編から第5編を古代史料部門、第6編から第11編を中世史料部門、第12編以降を近世史料部門といった形で分担し、部門内でチームを組んで編纂しています。本郷教授は承久の乱から鎌倉幕府の滅亡までを取り上げる第5編を担当。1年の出来事を3冊に分けて刊行しています。

「昔の文章は、くずし字と呼ばれる字で書かれたものですから、まずはなにが書かれているかを解読する必要があります。しかも当時の文章には句読点がないため、どこが区切りかもわかりません。1文字1文字を丁寧に読み込み、文章のどこに句読点を打てば意味が読み取りやすくなるかを考えるのも我々の重要な仕事です」と話す本郷教授。

くずし字は現代に生きる私たちがパッと見ただけでは、いったいなにが書かれているのかまったくわかりません。もちろんそれは本郷教授たちもいっしょです。

「最初からくずし字を読める人はいないので、専門的な知識を学んだうえで少しずつ努力を重ねるうちに読めるようになっていきます。ですから、くずし字に触れない期間が少しでもあると勘が鈍ってしまって、思うように読み進められなくなって

古代史料部門の研究室

しまいます。みなさんが英語を学ぶのと同じように、日々の積み重ねが大事なんです」（本郷教授）

また、大きな事件は当時の1日で解決することはほとんどありません。2年、3年にわたるものであれば、それだけの日数をたどって、事件の顛末を丁寧にまとめていきます。そのため編纂には膨大な時間を要し、1冊をまとめるだけでも3年はかかるそうです。編纂には大変な労力と根気が必要なのです。

こうした歴史史料に関する研究所は他に類を見ないため、研究者の方々の地道な努力によって編纂された史料集は歴史学を学ぶ人々の基幹史料集として役立てられています。一般人も史料編纂所ホームページ内のデータベースで閲覧することができるので、気になる方はぜひのぞいてみてください。

本人直筆の手紙をまさかの大発見！

さて、史料編纂に欠かせない作業、それが史料採訪です。本郷教授もかつては日本全国を飛び回り、各地の寺社、個人宅を訪れて、様々な史料を収集していたそうです。

といっても、史料はすべて持ち出せるわけではないので、カメラがない時代は原本の上にガラスをはさんで和紙を載せて、文字を写し取る「影写（えいしゃ）」という手法が用いられていました。

現在はおもにデジタルカメラによる写真撮影で行われていますが、フィルムカメラが主流だった時代は色々な苦労があったようで……。

「デジタルカメラが普及してから負担が減りました。なによりきちんと映っているか、その場で確認できるのがいいですよね。昔はどんな写真が撮れたかが現像するまでわからなかったので、現像したら大事な部分が手で隠れていて撮り直しを命じられて再び現地へ……なんてこともありましたから（笑）。

しかも当時のフィルムカメラは24枚～36枚の撮影が上限だったので、出張に行っても少ししか撮影できない。そこで、600枚撮影できる特殊なカメラを外注して使用していました。

ただ、便利にはなったものの、各所の方々の協力があってこそ成し遂げられるという点はいまも変わりません」（本郷教授）

津々浦々での思い出を話していただくなかで、とくに印象に残っている史料を聞くと、「これまで2つおもしろいものを見つけました！」と

にこやかに語る本郷教授。

「1つはまことに珍しい後醍醐天皇の手紙です。本来、天皇のように身分の高い人は自分の部下に手紙を書かせますが、それは部下になりきって後醍醐天皇が自分で書いた手紙でした。なぜそんなことをしたのかというと、当時の後醍醐天皇は鎌倉幕府を倒そうとして失敗し、隠岐の島（島根）に流され、そこから脱出して鳥取の船上山に立てこもっていました。そのため、部下がおらず、自分で書くしかなかったのです」（本郷教授）

こうした手紙でいままで知られていたものは、出雲大社にあてたもので、三種の神器※2のうちの剣が壇ノ浦の戦いで海に沈んでしまったため、出雲大社に祀ってある剣を差し出すように、という命令が書かれていたのだといいます。

本郷教授は別件で鳥取に出張に行く際、「鳥取に行くなら後醍醐天皇関連の文書が見られるかもしれない」と、後醍醐天皇自身が書いた別の文書のコピーを持参していったそう。そしてその文書と手紙の筆跡を見比べ、後醍醐天皇自身が書いた手紙だと見抜きました。

手紙は史料編纂所に持ち帰って技術部で文書を修補（修理して補修すること）してから返却、現在は鳥取県内の博物館に収蔵されています。

そしてもう1つは源頼朝の手紙です。持ち主の方が「どうせ偽物だろう」と、書道で使う丸筒に入れて保管（！）していたものを本郷教授が筆跡等確認したところ、こちらも正真正銘、源頼朝自身のサインが書かれた手紙だと判明しました。

史料を批判的な目で見ることも大切

このような発見はよくあることなのかと思いきや、驚くべき史料との出会いは本郷教授の人生でも2度ほどしかなく、本当に珍しいことなのだといいます。

「以前、『どこかから出てきた史料で、本能寺の変の新たな真相がわかることがありえますか?』という質問をいただいたときは、残念ながらほぼありえません、と答えるしかありませんでした。我々の先輩方が、すでに長きにわたり史料採訪したうえで見つかっていないわけですから、新たな史料が見つかる可能性はゼロに近いのです」と本郷教授。

たとえそうした出会いがなかったとしても、淡々と編纂に励むことが研究者として大切なのだと話されます。ただし、江戸時代はその限りではありません。まだ手がつけられていない史料が山のように眠っているので、これからなにが出てくるかわからないそうです。

ここで気をつけるべきなのは、見つけた史料をすぐに信じてはいけないということ。その史料はどれだけ信憑性があるものなのか、調べていくことこそが重要で、これを「史料批判」といいます。

「本能寺の変が起こった理由について、織田信長が明智光秀をいじめていたからだの、殴ったからだの様々な説があります。しかしそれらは江戸時代のだれかがおもしろおかしく作ったお話です。正しい情報を見極めるためには批判的な目を持って史料を読むことも大切なのです。

※2　天皇のしるしとして、代々の天皇が受け継ぐ3つの宝物。八咫鏡（やたのかがみ）、天叢雲剣（あまのむらくものつるぎ）（別名：草薙剣・くさなぎのつるぎ）、八尺瓊勾玉（やさかにのまがたま）の3つをさす。

複数の色のレンガを組み合わせた壁面、デザイン性の高いトビラ、重厚感のある柱など、趣深い史料編纂所の外観。ポーチ外灯（下部矢印）は1928年に内田祥三（帝国大学元総長、建築学者）の設計により設置されていたものの復元です。

ではどのように判断するか。例えば京都で起きた事件を京都の人が書いた場合と、九州の人が書いた場合とでは、京都の人の方が情報を正確に見聞きしている可能性が高いです。また、事件の当事者の友人や親類が書いたものと、赤の他人が書いたものでは、前者の方が信憑性が増すでしょう。そういった様々な事情を検討しながら、正確性を判断し、『大日本史料』に正しい情報を載せていきます」（本郷教授）

原点にあるのは「好き」という気持ち

さて、ここで本郷教授の学生時代のエピソードを紹介しましょう。「小学校の同級生から聞いた話によると、当時の私は机を叩いてリズムをとりながら歴史にまつわる自作の歌を歌っていたそうなんです。当の本人は覚えていないんですが（笑）、それほど歴史が好きだったみたいです」と話される本郷教授。

歴史が好きになったのは、偉人たちの伝記の影響が大きいといいます。幼少期からそれらをよく読んでいたことで、歴史上の人物に興味がわき、外国の人物より日本の人物方が関連する書籍が充実していることから、日本史への関心が高まっていったのだそう。なかでも野口英世は特別な存在だったようで……。

「幼いころに小児喘息で生死の境をさまよった経験から、病気で困っている方を助ける野口英世のような医者になりたいと考えた時期もありました。私にとって彼はヒーローのような存在だったんです。

しかし、小学校5年生のころに理科の実験で行ったフナの解剖が苦痛で仕方なくて……。医者になるには解剖は避けて通れませんから、自分には向いていないと諦めました。そしてなにになりたいかまだ決めきれなかった自分には、[※3]将来の選択肢が広がる大学・学部が向いていると思い、東京大学文科三類へ入学。もともと好きだった歴史を専門的に学んだことでさらにそのおもしろさにはまり、気づけば歴史の研究者になっていました」（本郷教授）

好きな学問を生涯の仕事として選んだ本郷教授。「生まれ変わっても同じように歴史の研究者になっていると思います」と語る姿から歴史への愛が感じられます。

考えることを楽しんで歴史を学んでほしい

ここまで紹介してきた歴史の研究に関する話はいかがでしたか？　歴史の勉強に対する印象が変わった方もいるでしょうか？

本郷教授は、「歴史上の出来事が何年に起こり、だれがかかわったのか、そういったことは調べればすぐに出てきます。そうした勉強もある程度は必要ですが、事実を覚えるだけではなく、『考える』ことにこそ歴史を学ぶおもしろさがあると知ってほしいです」と話されます。

例えば、大坂城はみなさんも知っての通り、豊臣秀吉が建てた城です。1582年に織田信長が明智光秀に討たれて亡くなったあと、秀吉は敵を討ち、翌年の1583年には大坂城の建築に着手しています。その間わずか1年足らず。「これはいくらなんでも早すぎます」（本郷教授）

そこで1つ考えられるのが、大坂城建築計画は信長の案だったのではないか、という説です。生前の信長は安土城を本拠地としていましたが、そこから大坂城に移ろうとしていて、その計画を秀吉は受け継いだのではないか……。

「これはあくまでも仮説ですが、歴史上の出来事を自分なりの解釈で読み解いていくと、歴史は暗記の学問ではなく、国語や数学と同じように『考える学問』だと感じられるのではないでしょうか。

私はいつも、『楽しみながら考える』ことを大切にしています。前述の通り昔の字は読み解くのが難しいので、いまでも1つの文字の解釈に3日間くらい悩むことがあります。でもそれも『どんなことが書いてあるんだろう』と楽しむ気持ちを忘れずに取り組んでいます。中学生のみなさんもぜひ、歴史の勉強に『楽しみながら』取り組んでもらえると嬉しいです。

そして、勉強以外の面でも、部活動や行事、友だちとの会話など、学校生活を楽しんで、夢中になれることを探してください」（本郷教授）

「いま、科学の分野では、難解な研究内容を一般の人にわかりやすく伝える『サイエンスコミュニケーター』の方が活躍しています。私は歴史の分野で『ヒストリカルコミュニケーター』として、人々に歴史のおもしろさを伝えていきたいです」

東京大学史料編纂所
所在地：東京都文京区本郷7-3-1
URL：https://www.hi.u-tokyo.ac.jp/

※3　東京大学は1・2年生全員が教養学部で学ぶため、幅広い分野を学ぶことができる。そのうえで3年生から自分で選んだ学部に所属する。

21世紀型教育を学ぶ「教育学部」
いま注目の新しい学びを実践する開智国際大学

首都圏の国立大学教育学部と教育現場の管理職などから教員を招聘し、今までにない新しい「教育学部」を開設し5年目を迎える開智国際大学。3月に1期生が卒業し、教員志望者の就職率は88・5%。今後の教育現場への就職にも期待が持たれます。探究型授業と1年生からのインターンシップなど、最先端の教育を推進する「教育学部」の魅力と教育実践を取材しました。

（取材・SE企画）

常磐線「柏駅」からバスで10分程度の「柏学園前」で降りると、緑の森の中に落ち着いた佇まいのキャンパスが見えてきます。出迎えてくれたのは、東京学芸大学から着任し5年目を迎えた坂井俊樹教育学部長。「1期生が卒業し、就職では素晴らしい結果を残してくれました。意欲に満ちた学生が多いので、さらなる飛躍を期待しています」とお話いただきました。

激変する社会に対応できる21世紀型の教育が必要

教育学部を新設した理由を尋ねると「AIの急激な進歩やグローバル化で世界が大きく変わります。この変化に対応するために、『教えてもらう学び』から文部科学省が推進しようとしている『主体的・対話的で深い学び』、つまり授業は講義だけでなく、学生がICT機器を使い自ら調べ、議論し、それを発表するという主体的な質の高い探究型授業に変わらなければなりません。これが、いわゆる21世紀型教育です。いままでの教育学部では、このような指導のできる教師を育てる仕組みや授業が十分ではないので、新しい教育学部を創ることにしました」と熱く語ってくれました。

続けて「開智国際大学の併設小、中、高等学校では、以前から探究型教育を行い、生徒が主体的に学び、創造力やコミュニケーション力をつける授業や行事を行ってきました。さらに、国際バカロレアの教育を取り入れた小学校、中学・高等学校もあり、これらの併設校で大学1年生から学校インターンシップを行うことで、児童・生徒主体の探究型授業がどのようなものであるかを体験してもらいたい。そして、その探究型授業がなぜ必要なのか肌で感じてもらったうえで、大学での授業や学びに全力で取り組み、21世紀型教育が実践できる教師を育てていきたい。このように育てた教師は日本のどの学校へ赴任しても『主体的・対話的で深い学び』の指導ができ、社会がどのように激変しようとも対応可能な生きる力を持った人材を育てることができるからです」と坂井教育学部長は詳しく説明してくれました。

全国初「教育学部」1年生からの学校インターンシップ

開智国際大学は、教育学部で全国初となる1年生からのインターンシップを実施しています。その内容についてインターンシップ責任者の土井雅弘教授に伺いました。

「小学校教員養成課程の大学1年生は、開智小学校と開智望小学校でのインターンシップに参加します。運動会では教師と共に運営面にも参加し、夏休みには小学校で行っている『夏休み学童教室』にアルバイトとして参加して子供たちと一緒に遊び、実験の補助や自然観察の手伝いなど、様々な活動を行っています。2学期には、小学生たちが自らテーマを決めて探究した内容を発表する『研究発表会』を見学しました。学生たちは子供たちが教師の指導をもとに主体的に学んでいる姿を参観し、〝これからの授業はこのように変わっていく〟という事がよく理解できたとインターンシップの報告会で説明してくれました。そして3学期には、1週間連続で集中学校インターンシップを行います。児童の立場になったつもりで授業に参加し、教師が行う『子供たちが主体の授業』とはどのように行われているのかを学んできました。

中等教育教員養成課程の大学1年生は、開智日本橋学園中学・高等学校で1学期からインターンシップをスタートし、授業参観や文化祭への参加などを行います。

大学の授業がない時には、併設校に事前に連絡すればいつでも授業見学などができるので、学生の中には併設校に夏休みの学童のアルバイトや、遠足の補助員として参加する学生がいるなど、開智国際大学ならではの体験がたくさんあり、大変魅力的です。

これまでの教育学部では、インターンシップを大学1年生から実施する大学はありませんでした。本大学では1年生からのインターンシップを通して、大学で何を学び、どのようなスキルを身につけていかなければならないかが分かり、授業にも全力で参加する学生が多くなっています」と語ってくれました。

開智国際大学　2022年度入試日程

	入試形式	期	試験日	出願期間	合格発表
総合型選抜	プレゼン入試	Ⅲ	12月19日(日)	12月 1日(水)～12月10日(金)	12月23日(木)
	小論文入試	Ⅱ			
	第一志望特待入試	－			
	英語外部試験入試	Ⅱ	来校試験なし		
一般選抜	一般入試	Ⅰ	2月 5日(土)	1月 7日(金)～1月27日(木)	2月 7日(月)
		Ⅱ	2月18日(金)	1月 7日(金)～2月14日(月)	2月22日(火)
		Ⅲ	3月 4日(金)	1月 7日(金)～2月25日(金)	3月 5日(土)
		Ⅳ	3月11日(金)	1月 7日(金)～3月 9日(水)	3月12日(土)
	特待入試	Ⅰ	2月 5日(土)	1月 7日(金)～1月27日(木)	2月 7日(月)
		Ⅱ	3月11日(金)	1月 7日(金)～3月 9日(水)	3月12日(土)
	大学入学共通テスト利用入試 ・一般選考 ・特待選考	Ⅰ	大学独自試験はなし（大学入学共通テスト 1月15日(土) 1月16日(日)）	12月24日(金)～1月14日(金)	2月 9日(水)
		Ⅱ		12月24日(金)～2月16日(水)	2月18日(金)
		Ⅲ		12月24日(金)～3月11日(金)	随時（最終 3月15日）

※入試詳細については募集要項を参照してください。

教授や先生方との距離が非常に近い少人数教育

最後に開智国際大学の特徴を、北垣日出子学長に伺いました。

「一番の特徴は少人数教育です。教育学部は小学校教員養成課程と中学校・高等学校教員養成課程に分かれて授業を行い、多くの授業が20名以下で行われます。教員が学生全員を熟知して授業をしていますから、学生も高い意識を持って集中して勉強しています。

次に、教授陣が新しい教育学部を創ることに燃えていることです。社会科教育専門で学部長の坂井教授は、2016年まで東京学芸大学で教鞭（きょうべん）をとられていました。附属校の校長を兼任されていたこともあり、学校現場にも、教育研究についても長けて（た）おられ、理想の教員養成を行うために先頭に立って教育学部の授業や教職センターの運営に力を注がれています。他の先生がたも、小学校校長を歴任された先生方などベテランの教授陣がそろい、一丸となって学生指導にあたっています。

また、教員採用試験対策講座を大学1年生の5月から開始しています。大学4年生の7月に実施される教員採用試験に向けて、一般教養学力、教職教養、専門教科の力をつけるために、じっくりと3年間かけて行っています。そして、4年生からは採用試験の模擬試験や面接などの準備に入ります。これらの対策講座も、学生が主体的に学び、皆で考え、議論する探究型、協働型で実施しています」

学費全額免除や半額免除の特待生制度が魅力的

開智国際大学には優秀な学生に対して、他大学よりはるかに充実した特待生制度があります。今年度の入学者を見てみると、4年間の授業料が国立大学より廉価になる特待生が、教育学部では30％を超えています。2022年度入試においても特待生試験や大学入学共通テスト利用入試の特待生など合わせて、72名定員のうち30名前後の特待生が入学できるように計画を進めています。また、大学入学共通テスト利用入試の受験料が1000円と破格なことも、受験生に優しい入試となっています。

優れた教授陣が21世紀型教育を少人数で指導する開智国際大学教育学部、まさにパワーと情熱あふれる学部です。来年の入学希望者はすでに昨年の倍以上という人気の教育学部の今後が楽しみです。

開智国際大学

〒277-0005 千葉県柏市柏1225-6
URL: http://www.kaichi.ac.jp

LINE　大学HP

■最寄り駅
JR常磐線・東武アーバンパークライン「柏」駅

■併設校
開智小学校・中学校・高等学校、開智未来中学・高等学校、開智日本橋学園中学・高等学校、開智望小学校・中等教育学校

現役東大生に聞きました

日比谷高編

母校の魅力
早稲アカ大学受験部の魅力

高校受験で一番大変だったことは？　実際に入学して驚いたことは？
大学受験に向けてはどうやって勉強したの？
気になるあれこれを、先輩に教えてもらいましょう！
早稲田アカデミー大学受験部で学び、東京大学へ進学した宮脇愛さんに、
卒業生だから知る日比谷高の魅力と、高校受験・大学受験の経験を
振り返っていただきました。

宮脇（みやわき）愛（まな）さん
東京大学　文科三類　1年
東京都立日比谷高等学校　卒業

大学受験も視野に入れ決めた第一志望校

私は小さいころから「将来は東京大学に進学したい」と考えていました。だから高校を選ぶときも、校風や立地、設備などに加えて、「将来の大学進学にしっかり備えられるかどうか」も考えながら志望校を検討しました。

早稲田アカデミーに通い始める前は、自分の実力があまりよくわかっていませんでした。でも、入塾テストを受けた後の面談で、先生に「もっともっと上を目指せるよ！」と言われて、高校受験に対する意識が変わりました。そして第一志望校に決めたのが、日比谷高。都立高のなかで東大への高い合格実績を残していることが決め手になりました。高校3年間を楽しむだけでなく、自分が望む将来につながるような高校生活を送りたいと考えたんです。

中学1年生から英語教室に通っていたため、得意科目は英語です。高校受験に向けた学習でも、「圧倒的な武器にしよう」と考えて取り組みました。反対にその他の科目は、基礎を徹底して身につけるよう心掛けました。早稲田アカデミーに通ったおかげで、「高校合格」だけでなく、「大学受験でもアドバンテージとなる確かな学力」を手にできたと思います。

先生の勧めをきっかけに無料春期講習会に参加

日比谷高合格の報告に行ったときに、先生に「早稲田アカデミー大学受験部の『新高1無料春期講習会』には高校別の講座もあるから受講してみたら？」と、勧めていただきました。春期講習会に参加して一番良かったのは、4月からの同級生にひと足早く出会えたことです。3年後のライバルになる人たちが、既に次のスタートを切っていると知り、意識が高まりました。

日比谷高は進学に力を入れている学校ですが、「勉強しかできない」というわけではありません。私自身、バドミントン部に所属して週

5日活動していましたし、中学時代から通っていた英語教室、ピアノに加えて、高校1年生からより本格的な英会話も習い始めました。日比谷高は東京都教育委員会から「東京グローバル10」の指定を受けていて、グローバルリーダーの育成に力を入れています。帰国生も多く、さまざまな国での生活経験を持つ人とともに過ごすことができ、多様性に対する理解も深まりました。将来は海外で活躍したいと考えていたため、2年生の夏には、オックスフォード大学のサマースクールにも参加しました。同級生にもさまざまなことに挑戦している人が多く、刺激をもらえる環境だったと思います。

学校にも、大学受験部にも高め合えるライバルがいた

日比谷高では、高校生のうちに「確かな教養の土台」を築くことを目指しています。そのため、大学受験で必要かどうかに関わらず、生徒全員が幅広い科目を学習します。また、授業は「予習ベース」で進められます。先生の解説に時間を使わない分、生徒同士のディスカッションを通して「答えが複数ある問い」に取り組む時間が多く設定されています。中高一貫校のように速いカリキュラムで進むわけではありませんが、より深く学べたことが、世界史の記述問題などに生きたと思います。自分と同じように東大を目指す仲間がたくさんいるので、勉強を教え合ったり、将来学びたいことを語り合ったりする機会が持てたことも良かったです。

ただ、カリキュラムの関係上2年生で「物理基礎」「化学基礎」を学び、理系の人はその後3年生になってから「数学Ⅲ」と理科2科目を履修することになります。そのため、東大や国立大の理系を志望する場合は、自分である程度学習を進めるなどして、受験に向けた演習時間を確保する必要があるかもしれません。

ライバルがいる、という環境は、早稲田アカデミー大学受験部も同じです。特に「東大必勝コース※」では、どんなに頑張っても自分がトップになることはありませんでした。かなわない人がいる環境が、「もっと勉強しなきゃ」という励みになりましたし、そういうライバルの意見や考えを聞くことが大きな刺激になりました。

今振り返ってみても、私は日比谷高、そして早稲田アカデミー大学受験部を選んで正解だったな、と思います。自分にとって最良の選択ができたのは、早い時期から将来の進路を意識していたからだと思います。皆さんも、高校受験でベストな選択ができるよう、ぜひ頑張ってください！

高校受験生へのメッセージ

受験には学力だけでなく、最後までやり抜くための体力や精神力も必要です。勉強はもちろん重要ですが、同じように体を動かしたり、自分なりに気分転換したりする時間も大切にしてください。

高校受験は確かに大変です。でも、高校受験を乗り越えられれば、大学受験もきっと頑張れると思います。「全力で勉強する機会」は人生でそう多くはないはず。後ろ向きになるのではなく、自分の将来を見据えて、「せっかく受験という機会があるのだから、一段上の自分になってみよう」という気持ちでチャレンジすれば、きっといい成果が出ると思います。

※東大志望者を対象とした選抜制の志望校別対策コース

早稲田アカデミー 大学受験部

知り、学び、成長した様々なボランティア

突然ですが、読者のみなさんは、ボランティアにどんなイメージを持っていますか？　なかにはボランティアに参加したことがある人もいるかもしれませんね。ひと口にボランティアといっても、たくさんの種類があり、活動を通じてできること・得られることも様々です。

今回のコラムでは、そうしたことをみなさんに知ってもらうために、私がいままで参加してきたボランティアを紹介します。この記事を読み終えたとき、ボランティアに少しでも興味を持ってもらえたら嬉しいです。

まず1つ目は、高校生のころに参加した、保護犬シェルターでのボランティアです。このボランティアを始めたきっかけは、学校の研究活動で犬や猫の保護について調べていたことです。調べるうちに実際の現場に触れることはできないだろうかと考えた私は、保護犬を預かる施設に連絡を取り、施設の掃除や犬のお世話をさせてもらいました。

施設を訪れる前は「犬と触れあえるのかな、楽しそうだな」という気持ちもありましたが、実際に参加してみると予想以上に大変な活動で、命を預かることの重み、その活動に携わっている方の使命感ややりがいを強く感じるボランティアとなりました。

学外の人々との貴重な出会い

2つ目は、アイルランドでのボランティアです。これは大学2年生の夏休みに参加しました。海外ボランティアは、派遣業務をしている団体を通じて参加するのが一般的で、大学と提携しているものもよくあります。

私は英語の勉強も兼ねたいと考えていたので、日本人の少なそうなアイルランドの田舎町のボランティアに3週間ほど参加しました。活動内容は、キャンプ場のような施設での庭仕事、果物の収穫、イベントの手伝い……など。

現地ではヨーロッパ各国から集まった10人ほどの学生といっしょに活動しました。そこで異なる背景を持つ人と共同生活をした経験は、自分にとっても大きな学びをもたらしたと感じます。

3つ目は地域イベントの運営ボランティアです。大学3年生のとき、演習の課題で清澄白河を舞台にした建物の設計を行いました。それがきっかけで、清澄白河で開催されている地域イベントの存在を知り、運営メンバーに入れてもらったんです。

1カ月の間、土日を使って参加して、川沿いで開くマルシェを運営する手伝いや、アーティストの作品展示のサポートなどをしました。それらを通じて、普段大学で過ごしているだけでは出会えない方々とかかわり、街についての色々な話をすることができたので、本当に勉強になりました。

今回はそれぞれ異なる特徴を持

私の周りの東大生

裏方として成功を支える 学園祭実行委員

法学部第１類（法学総合コース）Ｔくん

今回は東大の学園祭運営に実行委員として携わったＴくんを紹介します。例年、春には本郷キャンパスで五月祭が、秋には駒場キャンパスで駒場祭が開催され、どちらもとても盛り上がります。来場者数は計約10万人にものぼる大規模なイベントでもあり、実行委員は全部で200人程度います。なかでもＴくんは、外部の企業などにスポンサーとしての支援をお願いする「渉外」という部署のリーダーを務めました。資金調達は一見地味な仕事にみえますが、とても重要な役割を担っているのだとＴくんは話します。学園祭の花形であるステージでの様々な企画などは、豪華にするほどお金がかかるため、渉外がいかに資金を集められるかが大切になるのです。Ｔくんのチームではおよそ500社もの企業と連絡を取り、そのうち60社の企業に資金協力をしてもらえたそうです。

駒場祭で実行委員が作った案内板（本人撮影）

経験を通して感じたやりがい

ここ最近はコロナ禍の影響でオンライン開催ですが、形態が変わっても毎年決めるコンセプトに沿ってとことんこだわり、まさに「非日常」を味わえる空間を作り上げている実行委員たち。Ｔくんは自分も大きな役割を担うことができて誇らしいと話します。大きなプレッシャーを感じつつも、学生ながら責任感を持って社会人とかかわる機会が多くあったおかげで、とても成長できたそうです。東大の学園祭は屋台やステージなどだけではなく、中高生も楽しめるような展示・体験の企画も充実しているので読者のみなさんもぜひチェックしてみてくださいね！

そんなＴくんは自分の将来についても深く考えていて、来春からはベンチャー企業への就職を予定しています。東大だと歴史のある大企業に行く人が多いのではないかと思う方もいるかもしれません。しかしＴくんは幼少期の経験から、ほかの人やものの魅力を引き出すような仕事がしたいと感じ、広告やマーケティングによって他社を支援したいという強い意志を持って就職活動をしていました。そのため会社の規模にかかわらず、自分の想いにぴったり合った会社を自分の目でしっかり選んだといいます。自分でやりたいこと・やるべきことを見極めて、実現に向かって奔走するＴくんが今後どんな道を歩むのか、とても楽しみです。

はろくま
東大理科一類から工学部都市工学科都市計画コースへ進学した東大女子。趣味はピアノ演奏とラジオの深夜放送を聴くこと。

った3つのボランティアを紹介しました。ボランティアの活動内容、規模、期間、参加方法などは、多岐にわたることが伝わったのではないでしょうか。

こんな経験がしてみたい、こういう人とかかわってみたい、など明確な目的がある人はもちろん、そうした目的がなかったとしても、短期間でなにか新しいことに挑戦してみたいと思ったら、ぜひその選択肢の1つにボランティアを入れてみてください。とくに、長期休みなど、普段より時間があるときがおすすめです。

キャンパスデイズ 十人十色

上智大学

経済学部経営学科　3年生

足立(あだち)　菜奈巴(ななは)さん

社会に出たあとも役立つ 企業の経営について幅広く学ぶ

Q なぜ上智大学を受けようと思ったのですか？

中学のころから英語が好きで、大学でも学びたいと思っていたため、国際色豊かで英語教育が充実している上智大学を選びました。

実際に上智大学のオープンキャンパスに足を運んで、小規模ながら様々な国の人が通っているという環境や、落ち着いた雰囲気に魅力を感じたのも大きな理由です。四谷にあるキャンパスにほとんどの学部が集まっており、色々な人がいっしょに学んでいるというところにも惹かれました。

Q 経済学部経営学科の学びについて教えてください。

上智大学の経済学部には経済学科と経営学科があって、私は経営学科に所属しています。経済学科が物価上昇や景気変動などの社会問題を国際的なレベルで分析するのに対し、経営学科は企業の運営やマーケティング（※）など、より実務に近い内容を学んでいくのが特徴です。

私は、大学卒業後に就職することを見据えて、将来役に立ちそうだなと感じたので経営学科を選択しました。具体的には、色々なモノやサービスなどの商品をどのように売り出すか、消費者の心理や効果的な広告の手法などについて学んでいます。

Q 経営学科ならではの特徴はありますか？

自ら計画を立てて幅広く学べるところが経営学科ならではの特色であり魅力です。必修科目が少なく、1～2年生の間で履修する英語と第二外国語、経営学概論の3つ以外は、自分の興味関心に合わせて自由に講義を選べます。

私は国際系の分野に興味を持っていたこともあり、第二外国語はフランス語、そのほかの講義ではアフリカのジェンダーに関する講義や、経

※消費者の需要などを調査し、商品が売れる仕組みを作ること

営学を英語で学ぶ講義を履修しました。

加えて、実際に企業の方に来ていただいて話を聞く機会が豊富に用意されています。自ら起業した方の話や大企業で商品開発をしている方の話を聞くことができたので、自分が働きたい分野や理想の働き方について具体的にイメージできました。

3年生以降も興味関心に合わせて講義を履修しつつ、ゼミに所属して研究を進めていきます。私は経営組織論のゼミに入っていて、例えば「企業の社長がナルシストだと売り上げにどう影響を与えるか」など、企業の経営に関して仮説を立てて分析しているところです。

Q 印象に残っている講義はありますか？

1年生のときに履修した「産業論特講」はおもしろかったなと思います。特徴的なマーケティングをしている企業の分析をしたあと、グループに分かれて、実際の事例をもとに社会問題の解決策を考えるというものです。

そのときは「地方創生」をテーマに、人口が減って空き家が増えてしまった地方をどのように活性化していくかを企業戦略の面から考えました。実際の地方を例にしたこともあって内容がとても実践的で、将来の仕事について深く考えるきっかけとなりました。

海外へ飛び出すことで自分に自信をつけたい

Q 今後の学びの計画について教えてください。

現在、ゼミで研究をしながら就職活動を始めているところです。そんななかで、自分の大学生活を振り返ったときに「これをやり遂げた」と思えるものがないと気づきました。そこで、4年生から半年間休学して海外に留学したいと考えて、現在その準備をしています。将来に結びつくように、留学先でインターン（就労体験）ができるようなプログラムを選択する予定です。

語学力を身につけるという目的もありますが、一番大きい理由は「自分を変えたい」ということ。慣れない環境にあえて身をおき、主体的な生活を送ることで、自分に自信をつけたいと思っています。

Q 読者にメッセージをお願いします。

私は中高時代、数学が苦手でしたが、現在データ分析などで数学の力が必要な場面があります。いまみなさんが苦手としている科目も、将来の自分にとって必要になることがあるかもしれません。だからこそ、どの科目にも苦手意識を持ちすぎず、楽しんで取り組んでほしいです。

TOPICS

習慣化して効果的に学習 受験方式を知ることも重要

大学受験のときは、学校に朝早く行って自習室で、そして帰りは学校か塾の自習室で勉強していました。外では勉強を頑張り、家ではリラックスするというルーティンを作れたのは効果的だったと思います。学校や塾で勉強すると、同じように受験に向かう友だちやライバルの姿が目に入るので、それも自分を奮い立たせる要素になりました。

今後みなさんが大学受験をする際に気をつけてほしいのは、志望校の受験方式をいち早く調べておくこと。私が受けた「TEAPスコア利用型」という民間試験を利用した方式では、世界史が論述で対策に時間がかかりました。早めに調べて、余裕を持って準備するのがおすすめです。

大学ではゴスペルサークルに所属。昨年12月に感染対策を徹底して開催した、冬のライブの様子です

高2のときにホストファミリーを経験。ニュージーランドの女の子と海苔巻きを作りました

趣味は旅行だという足立さん。写真は、コロナ禍前の大学1年生の夏に、足立さん、お母さん、お姉さんの3人でバリ島（インドネシア）を訪れた際のもの

“SDGsを推進しながら、言葉に強い生徒を育てる”それが豊島学院のアイデンティティです

Web 学校・入試説明	体験入学・個別相談【中学３年生対象／要予約】 ※学校説明の内容を含む ① 校舎・施設見学 ② 全体会開始
本校ホームページから いつでもご覧いただけます	11月21日[日] ①14：30 ②15：00 11月28日[日] ①14：30 ②15：00 12月 4日[土] ①14：30 ②15：00 12月 5日[日] ①14：30 ②15：00

●予約は、本校ホームページからお申し込みください。
●一回の定員に限りがあります。 ●模擬授業など、類型別に行います。
●保護者のみ、または２年生以下の中学生は、学校説明の内容のみの参加が可能です。【予約不要】
●個別相談は全体会（約２時間）終了後、希望制で行います。
●上記日程外を希望される場合は、事前にお問い合わせください。（03-3988-5511）
■**上記日程は諸般の事情により、中止になる場合があります。前日のホームページでご確認ください。**

今春の主要大学合格実績

■**国公立大学・大学校（準大学）…22** 東京医科歯科大学1・東京外国語大学1・東京農工大学1・電気通信大学1・横浜国立大学1・埼玉大学3・山形大学1・茨城大学2・群馬大学1・東京都立大学1・横浜市立大学1・釧路公立大学1・高崎経済大学2・前橋工科大学2・福知山公立大学1・山口県立大学1・国立看護大学校1
■**早慶上理…13** 早稲田大学3・慶應義塾大学1・上智大学1・東京理科大学8
■**GMARCH…62** 明治大学14・青山学院大学6・立教大学8・中央大学13・法政大学18・学習院大学3
■**成成明武獨國…67** 成城大学4・成蹊大学13・明治学院大学6・武蔵大学17・獨協大学15・國學院大學12
■**医歯薬系（6年制）…18** 星薬科大学［薬］1・東邦大学［薬］1・昭和大学［薬］1・帝京大学［薬］3・日本大学［薬］2・帝京平成大学［薬］6・武蔵野大学［薬］1・城西大学［薬］1・城西国際大学［薬］1・日本薬科大学［薬］1

スーパー特進類型

30名の少数精鋭。難関国立大学などへの現役合格を目指す

難関国立大学への現役合格を目指す 1クラス 30名、少数精鋭の類型。1年次から 3年次まで 7時間授業を展開。高い語学力と国際的視野を持った生徒を育成します。難易度の高い学習内容、効率的な授業などにより 6教科 8科目の受験科目に備えます。1年次は目標とする学部や学科への意識を高め、2年次は文系・理系別に分かれ、3年次の後半は現役合格を目指して演習や実践的学習を徹底的に行います。

▌主な進学先▌東京農工大・電気通信大・茨城大・高崎経済大・国立看護大学校・慶應義塾大・東京理科大・明治大・中央大・法政大・東邦大・星薬科大 など

大学現役合格率 **92.0%** 大学現役進学率 **88.0%**

特別進学類型

3年間7時間授業。国公立大学や最難関私立大学を目標とする

国公立大学や最難関私立大学への現役合格を目指す類型。1年次から 3年次まで 7時間授業を展開。1年次は将来の職業を踏まえながら学部や学科への意識を高め、2年次は文系・理系別に分かれ、全国模試に参加しながら受験への意識を高めていきます。3年次の後半は、受験本番に備えて演習問題に取り組むなど、現役合格を目標に生徒の能力を引き出します。

▌主な進学先▌東京医科歯科大・横浜国立大・埼玉大・山形大・茨城大・前橋工科大・山口県立大・上智大・明治大・青山学院大・立教大・法政大・立命館大 など

大学現役合格率 **93.5%** 大学現役進学率 **83.9%**

選抜進学類型

1年次、2年次に7時間授業。GMARCHなどの難関私立大学が目標

GMARCHなどの難関私立大学への現役合格を目指す類型。1年次と 2年次に 7時間授業を展開。1年次は基礎学力の徹底、2年次は文系・理系別に分かれた授業展開。3年次は目標とする大学への現役合格を目指して学力を高めます。夏休みなどの長期休暇には、得意科目のさらなる飛躍、苦手科目の克服などを目指して集中授業や特別講座も開講します。

▌主な進学先▌東京理科大・明治大・法政大・成城大・成蹊大・國學院大・日本大・東洋大・駒澤大・専修大・順天堂大・東邦大・日本女子大・学習院女子大 など

大学現役合格率 **84.0%** 大学現役進学率 **77.3%**

普通進学類型

幅広いカリキュラムを設定。多彩な進路に対応できる学力が身につく

学校行事、クラブ活動、委員会活動などに取り組みながら、将来、幅広い進路に応えられるカリキュラムが設定された類型。1年次は基礎学力の徹底、2年次は文系・理系別の授業展開を行い、3年次は苦手な科目や単元の克服を目指しつつ、受験にむけた指導を徹底。通常の授業とは別に、夏休みなどの長期休暇には進学講座も開講し、志望大学への現役合格を目指します。

▌主な進学先▌青山学院大・法政大・明治学院大・武蔵大・獨協大・國學院大・日本大東洋大・駒澤大・専修大・東京電機大・東京女子大・白百合女子大・共立女子大・清泉女子大・大妻女子大 など

大学進学希望者の現役合格率 **93.5%**
大学進学希望者の現役進学率 **93.5%**

TOSHIMA GAKUIN

学校法人 豊昭学園
豊島学院高等学校
併設／東京交通短期大学・昭和鉄道高等学校

〒170-0011 東京都豊島区池袋本町2-10-1
TEL.03-3988-5511（代表）
最寄駅：池袋／JR・西武池袋線・丸ノ内線・有楽町線 徒歩15分
副都心線 C6出口 徒歩12分
北池袋／東武東上線 徒歩7分
板橋区役所前／都営三田線 徒歩15分

スーパー特進類型 特別進学類型 選抜進学類型 普通進学類型

ちょっと得する

読むサプリメント

ここからは、勉強に疲れた脳に、ちょっとひと休みしてもらうサプリメントのページです。
ですから、勉強の合間にリラックスして読んでほしい。
このページの内容が頭の片隅に残っていれば、もしかすると時事問題や、
数学・理科の考え方で、ヒントになるかもしれません。

耳より ツブより 情報とどきたて……81
日本初の都市型循環式ロープウェー

マナビー先生の最先端科学ナビ……82
湿度変動電池

なぜなに科学実験室……84
地震に耐える先人の知恵

中学生のための経済学……88
リスクと保険

PICK UP NEWS……89
自民党総裁に岸田氏

思わずだれかに話したくなる　名字の豆知識……90
今回は「清水」さん

ミステリーハンターQのタイムスリップ歴史塾……92
宗教改革

サクセス印のなるほどコラム……93
ロマンティックなマリトッツォ

中学生でもわかる　高校数学のススメ……94

Success Book Review……98
すごすぎる 天気の図鑑

サクセス映画館……99
外はひんやり、心はぽかぽか

解いてすっきり　パズルでひといき……100

耳より
ツブより
情報とどきたて

日本初の都市型循環式ロープウェー

みなとみらいの夜景を眺めながら上空を移動することができます（写真提供：泉陽興業株式会社）

横浜に新たな観光スポットが誕生

今年４月、横浜に日本初の「都市型循環式ロープウェー」が誕生しました。その名も「YOKOHAMA AIR CABIN（ヨコハマ・エア・キャビン）」です。

横浜みなとみらい21地区に開業したこのロープウェーは、JR京浜東北線などが乗り入れる桜木町駅と新港地区の入り口にあたる運河パークを結んでいます。陸上と海上に５つの支柱が設置されており、片道約630mの距離で、徒歩だと10分かかるところをこのロープウェーならおよそ５分で移動することが可能です。

36基のキャビン（ゴンドラ）が循環しており、定員は８名。最も高い場所では、地上から約40mになるといいます。このように、ロープウェーが都市部の平地に常設されるのは日本で初めてのこと。キャビンからは横浜ランドマークタワーや、大観覧車「コスモクロック21」などを一望でき、日が沈んでからは夜景が楽しめるなど、新しい観光スポットとしてオープン当初から人気です。

バリアフリーや最新の設備も魅力

建設、運営を担っているのは、近くにある遊園地「よこはまコスモワールド」を運営している泉陽興業株式会社。2017年に横浜市が行った、都心臨海部の回遊性を高める「まちを楽しむ多彩な交通の充実」という施策に基づく民間事業募集に同社が応募し、採択されて実現にいたりました。

キャビンには最新の技術が詰まっているところも見逃せないポイントです。最新式バッテリーによる冷房システムや各種安全監視システム、フルカラーLEDによる演出照明など最先端の機能が備えられています。

また、すべてのキャビンだけでなく、ロープウェーの駅舎内もバリアフリーに対応。車いす利用者や障がいがある人も安全に搭乗することができます。キャビンや駅舎の演出照明計画の監修を、世界的な照明デザイナー・石井幹子氏が手がけるなど、安心・安全への配慮だけでなく、楽しめる施設づくりがめざされています。

料金は、片道券が大人（中学生以上）1,000円・こども（３歳から小学生まで）500円。往復券は大人1,800円・こども900円。近くにある大観覧車「コスモクロック21」に乗ることができるセット券も販売されています。

新たな移動手段として期待がふくらむ

終点の運河パーク駅からは、前述の「よこはまコスモワールド」のほかにも「横浜ワールドポーターズ」、「横浜ハンマーヘッド」、「横浜赤レンガ倉庫」など多数の観光名所が近く、景観を楽しみながら移動できるのは観光客にとって大きなメリットとなりそうです。

10月現在、営業時間は10時～20時（土日祝日は21時）までで、新型コロナウイルス感染対策を行いながらの営業となっています。

上空から横浜の街を見下ろしながら移動できる「YOKOHAMA AIR CABIN」。新たな交通手段として、そして移動型アトラクションとして、注目を集めています。

The most
Advanced
Sciences
Navigation
020

マナビー先生の

最先端科学ナビ

FILE No.020

湿度変動電池

いま求められている身近な現象からの発想

このところ、エネルギーに関するニュースがほぼ毎日飛びかっている。

高校生が、人の「歩く」行動をエネルギーに転換できないかと考えて、ニュースになったことを知っているかな。歩くということは一歩一歩、足を動かすことだ。動かすことで起こる人の体重移動によって地面に与えられる変化をエネルギーに変えられないかというのが、その高校生の研究だったんだね。

そんなことは普段気にかけないけれど、ただ歩くだけで、足の下で重力の変化が起こっている。そこに気がついた。足下で起きる変化を、なんらかの方法で電気に変えることができないかという、その発想がすごい。

人は毎日毎日どこかに移動する。しかも、移動している人数は膨大だ。1人ひとりから得られる電力は小さなものかもしれない。でも、彼の発想がうまくいって、それを集めることができたら、とても大きな電力を、特別なことをしなくても得ることができる。

いま、世界中でその発想をヒントに様々な試みが行われている。つまり、人が動くことで起こる重力の変化をエネルギーに転換することができないか、実現する手段をみんなが考えているんだ。

発想が生まれると、その発想を現実のものとして受け止め、実現に向けて動き出し、世界中の人の役に立つものへと変わっていく。その可能性を示したおもしろい例だね。

空気中の湿度の変化から電気を起こせないかに注目

さて、今回取り上げるのは、「歩く」と同様、エネルギー源としては、いままでは見向きもされなかった小さな変化を、エネルギーに変えることができないかという発想だ。

大気内の湿度は、台風のように大きな気圧の変化がなくても色々な要因で、日々刻刻と変化している。

朝、太陽が昇る。太陽が昇ると太陽の光で空気が熱せられて温度が上昇する。温度が変わると空気中の湿度も変化する。だから毎日湿度は変化を続けているわけだ。この湿度の変化を電力に変えられないだろうかと、考えられたのが今回紹介する「湿度変動電池」だ。

産業技術総合研究所センシングシステム研究センター兼人間拡張研究センターの駒﨑友亮研究員たちは、この空気中の湿度の変化を利用して発電する技術を考えて発表した。1日のうちでも変化し続ける湿度に目をつけたのは、まったく新しい視点だった。

この湿度変動電池はどうやって電気を作り出すのだろうか。構造的に

マナビー先生

大学を卒業後、海外で研究者として働いていたが、和食が恋しくなり帰国。しかし科学に関する本を読んでいると食事をすることすら忘れてしまうという、自他ともに認める“科学オタク”。

は大気に開放された「開放槽」と、密閉された「閉鎖槽」で構成されている。2つの槽には水に溶けやすいリチウム塩等でできた水溶液（電解液）が入っている。電池全体が低湿度環境にさらされると、大気に触れている開放槽からは水分が蒸発する。

水が蒸発するから開放槽の方では水溶液はその濃度が上昇する。閉鎖槽は密閉されていることで、なかの水溶液には濃度変化がない。その結果、開放槽の濃度と閉鎖槽の濃度に差が生じる。この濃度差によって両方の槽に入れてある電極間に電圧が発生する、つまり電気が起こるという仕組みだ。

逆に電池の周りの大気が高湿度環境であった場合は、開放槽内の水溶液が空気中の水分を吸収して濃度が減少する。これにより先ほどとは逆向きの濃度差が発生し、逆向きの電圧が発生する。この過程が繰り返されるのであれば、理論的には半永久的に湿度の変動から電気エネルギーを取り出せるというわけ。

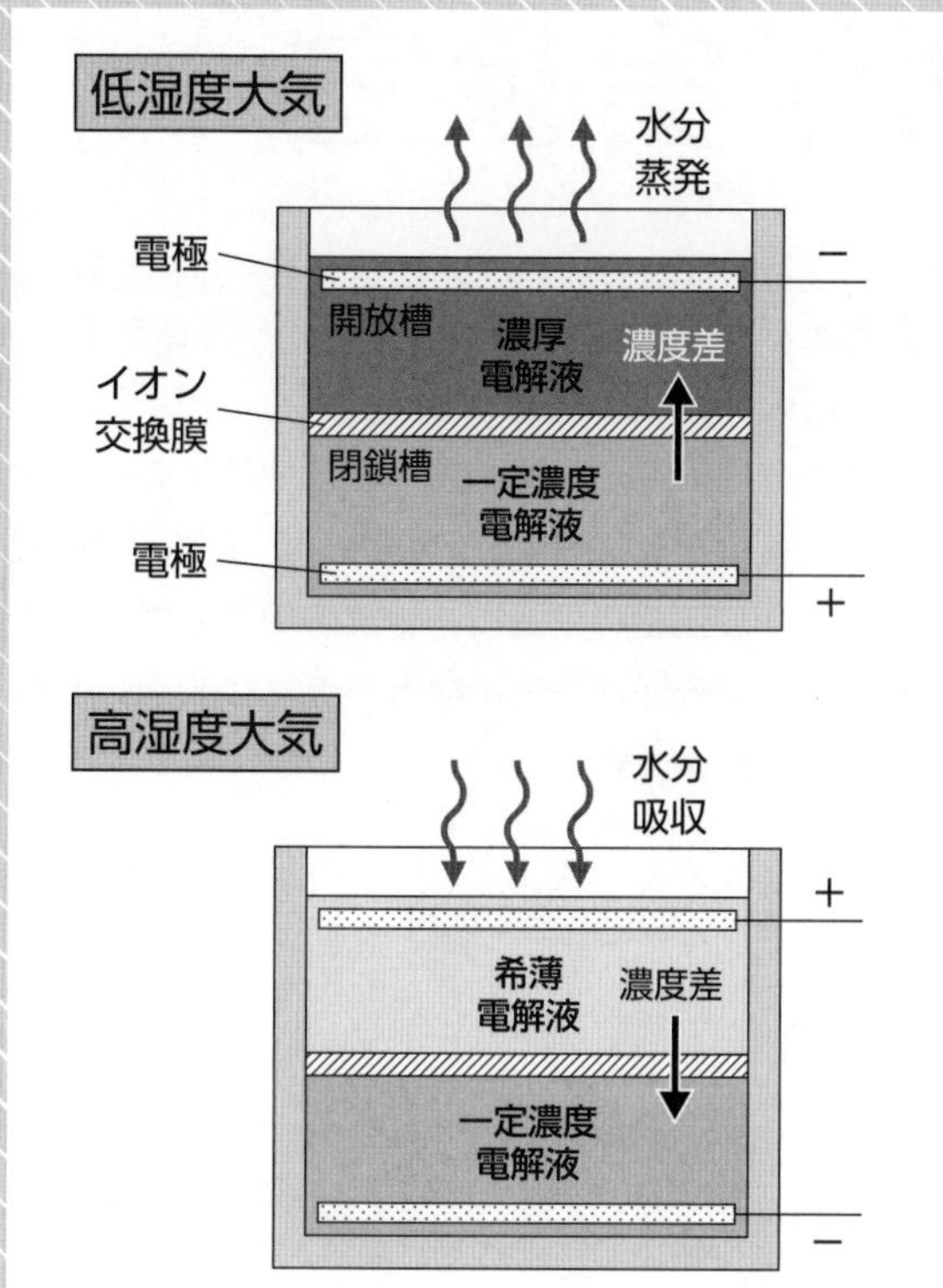

開放槽と閉鎖槽に入れてある水溶液の濃度に差が生じることで、微弱だが電気が生まれ、流れ始める。【出典／産業技術総合研究所】

身近な環境から生まれたクリーンで半永久的な発電

前述の「歩く」と同様、身近な環境の変化に焦点をあてて、とてもおもしろいことを考えたものだね。

研究チームの実験では湿度30％と90％の環境を作ってみて実験を行った結果、湿度30％の環境では22～25mV、湿度90％の環境ではマイナス17mVの電圧を得ることができたという。得られたのは微弱な電力量だけれど、それを電池にためることで、ミニモーターを動かすことも実証できた。

こんな身近なところからも電力を得ることができることを示したことには、大きな可能性を感じるね。だって、湿度の変化は毎日毎日、1年中、昼夜を問わず起こることだから。うまくいくとおもしろいことになりそうだ。

「歩く」発電のときと同じように、世界中の研究者が興味を示すかもしれない。

さて、いまエネルギーに関する話題がとても多い。なぜ、エネルギーの話題が多いのだろうか。そこにはSDGsというキーワードがついている場合が多いと思う。

SDGsは、Sustainable Development Goalsの略だ。いま、地球上のあらゆるものや環境に対して持続可能ということを考えながら目標を作っていくことが求められている。

エネルギーにしても、これまでのように化石燃料を気兼ねすることなく燃やし、使い続けることはできなくなってきた。

これからエネルギーを得るには、単にエネルギーを作ることだけでなく、その装置やシステムまでがクリーンであるかどうかや、そのコストまでを含めて、考えていかなければならない。

ここで紹介した、とても小さな発電でも、もっともっと研究が進み、SDGsに貢献できる技術になるといいね。

Why? What!

なぜなに科学実験室

「えっ、なんでなんで」「これ、どうなってるの？」。

気をつけて観察していると、世の中には不思議なことがたくさんあります。そんな不思議なことを、みんなに体験してもらうために作られたのが、この科学実験室です。

不思議なことに遭遇したとき、「なぜだろう」と考えるところに、科学の種が転がっています。

今回のテーマは「地震に耐える！」。

日本は地震が多い国ですから、中学生のみんなも、地震の揺れは体験済みだと思います。日本では古来から建物の構造で、地震の揺れと対抗してきました。今回は、そんな昔の人々の知恵にも触れていただきます。

地震に耐える先人の知恵

みなさんこんにちワン！「なぜなに科学実験室」の案内役、ワンコ先生です。

今回の実験は、建物の模型ができあがるまでが、ちょっと面倒だけれど、そこからがおもしろい。

うまくいかないときは、厚紙の厚さを変えてみたり、模型の上に載せるものを工夫して、根気強くチャレンジしましょう。模型の屋根（梁＝はり）を水平にするのがコツです。

ワンコ先生

1 用意するもの

❶型紙（左ページからコピーする。Aは３枚用意する）
❷大き目の台紙（段ボール板など）
❸厚紙（86ページ、写真❹で模型を作るとき、屋根（梁）や柱がたるまない厚さの紙）
❹セロハンテープ
❺のり
❻ワニぐちクリップ（３個）
❼はさみ

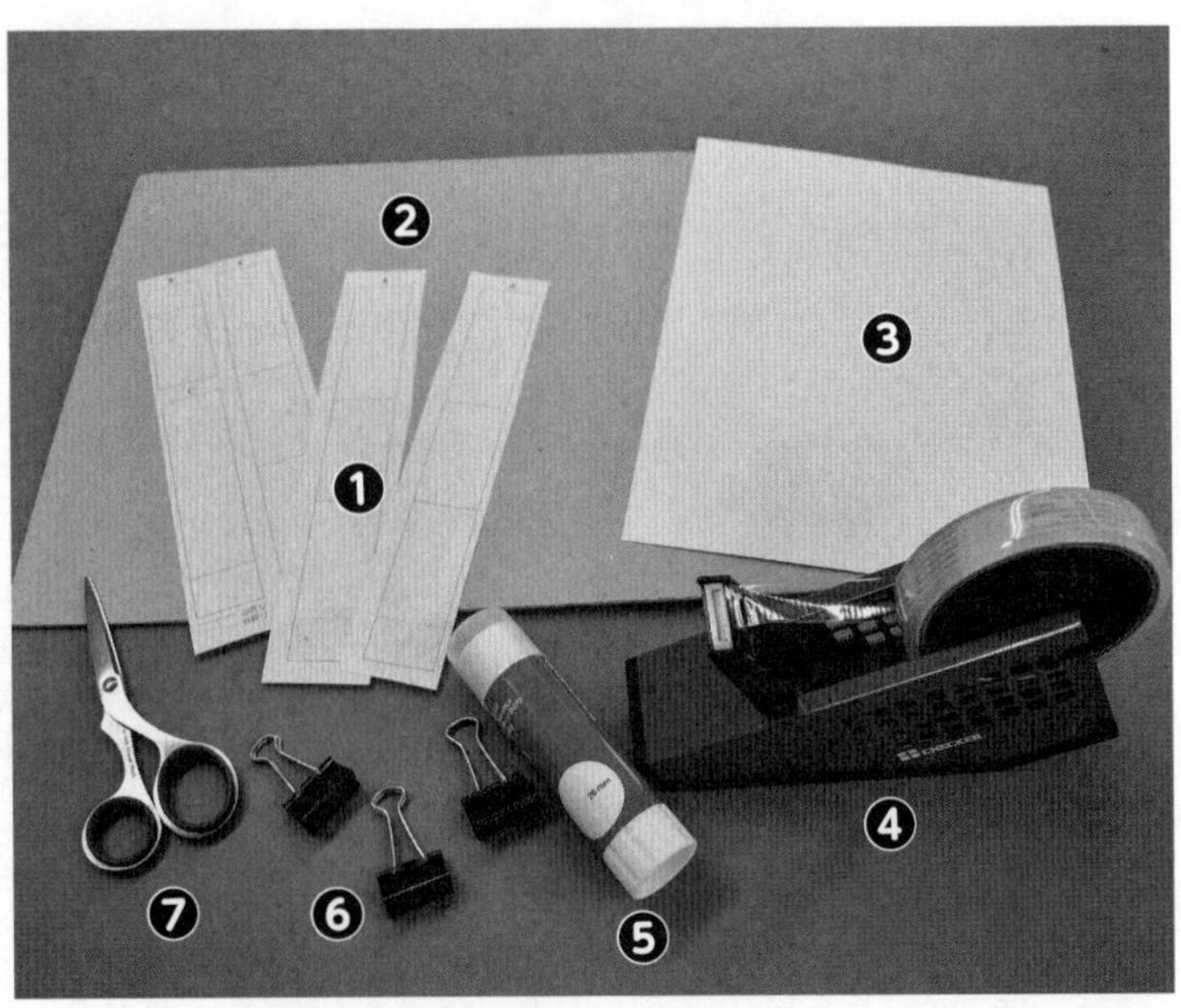

【型紙】Aは3枚必要です。

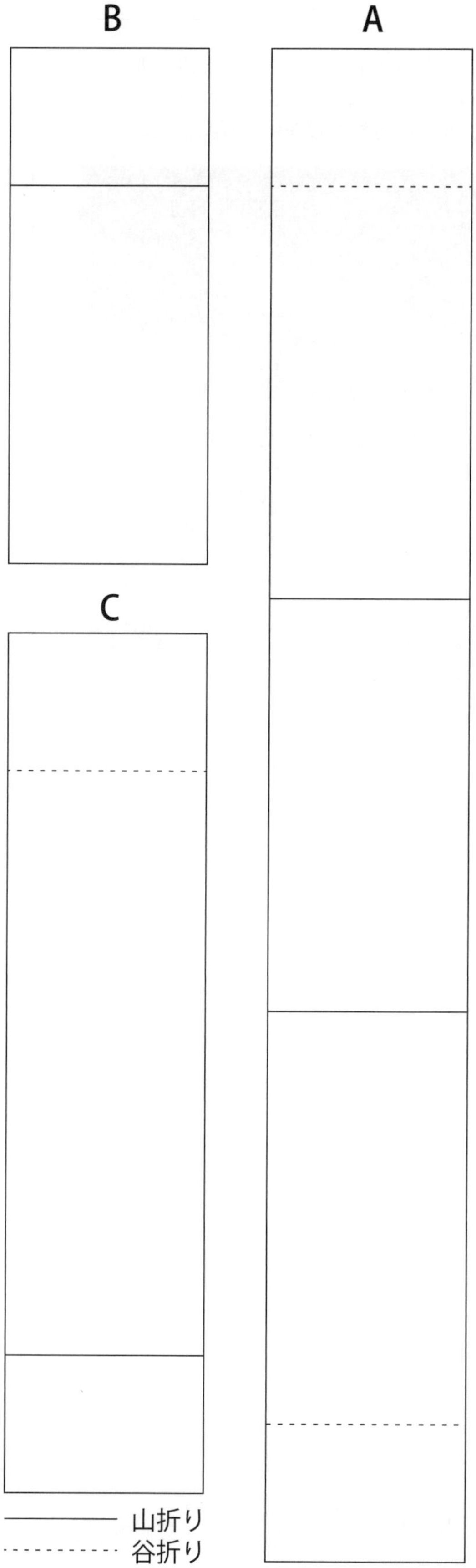

2 型紙を厚紙に貼りつける

左にある型紙をコピーし、裏にのりをまんべんなく塗って厚紙に貼りつけます。Aの短冊は3枚、B、Cの短冊は1枚ずつ貼ります。貼ったあとは、10分ほど、よく乾かします。

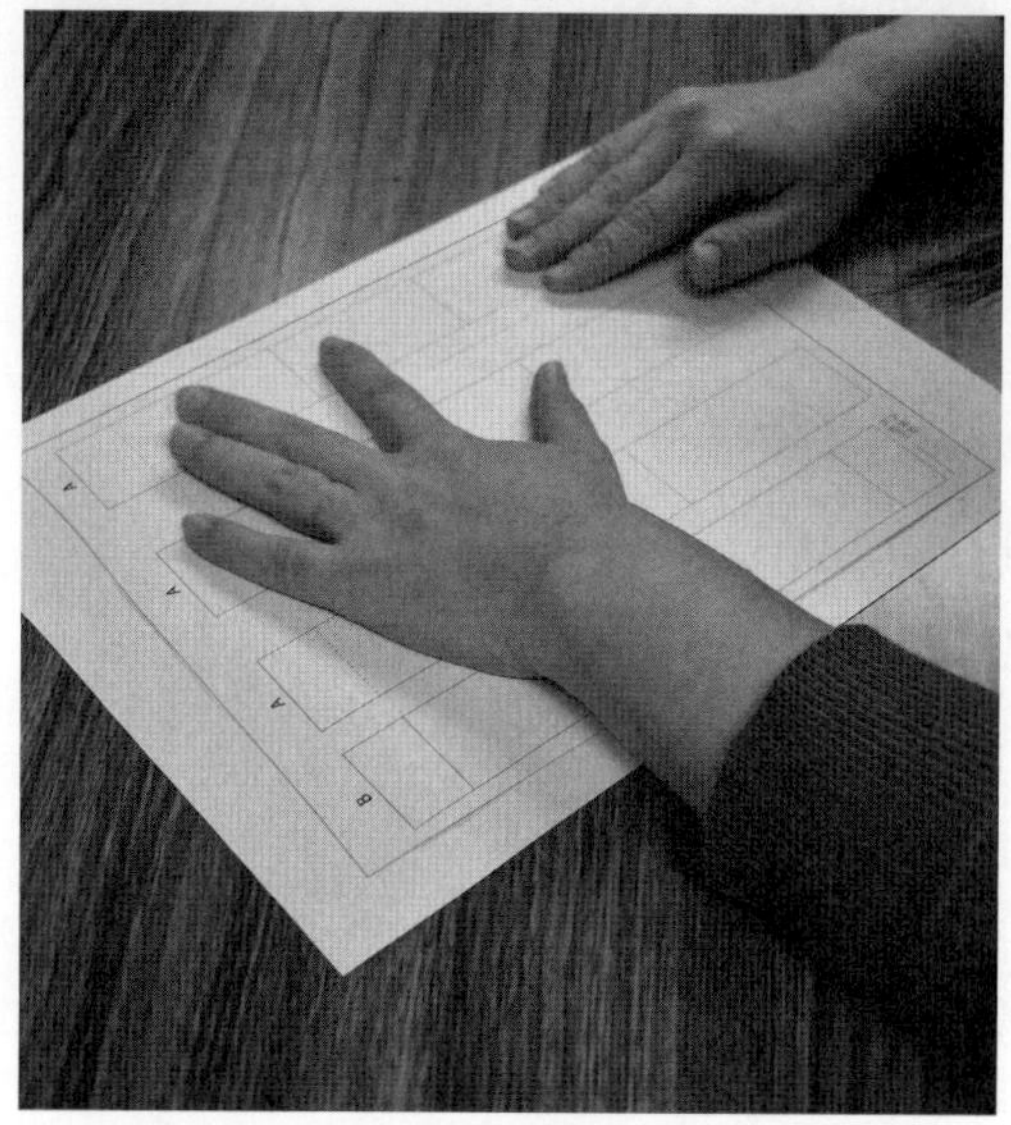

3 厚紙に貼った型紙を切り出す

厚紙に貼って乾かした型紙を、その外周に沿って、はさみでそれぞれ切り出します。

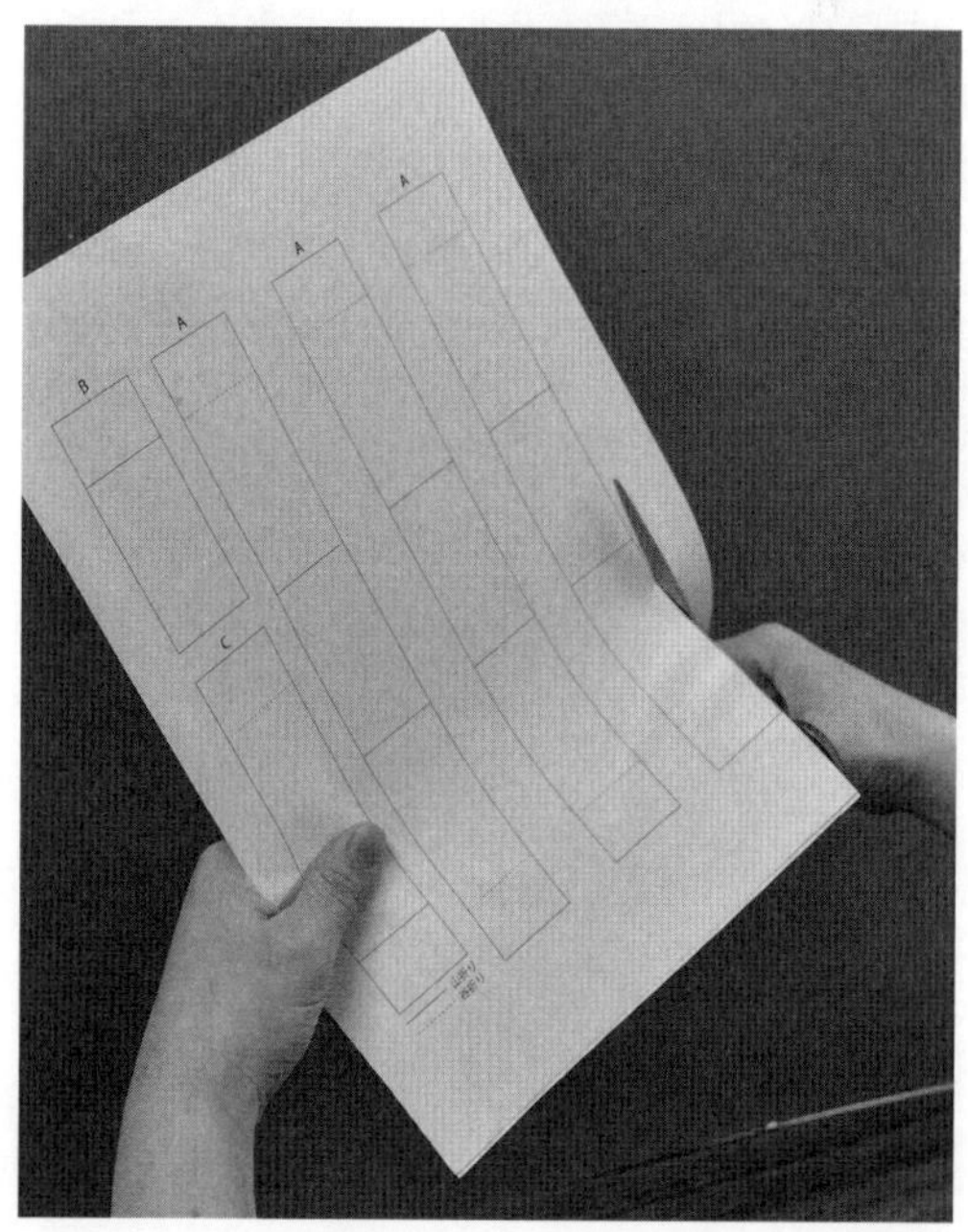

4 建物の模型を３つ作る

３枚の型紙Ａに山折り、谷折りを指示通りに施し、写真のような建物の模型を３つ作ります。屋根（梁）や柱の角が90度を保てるようします。

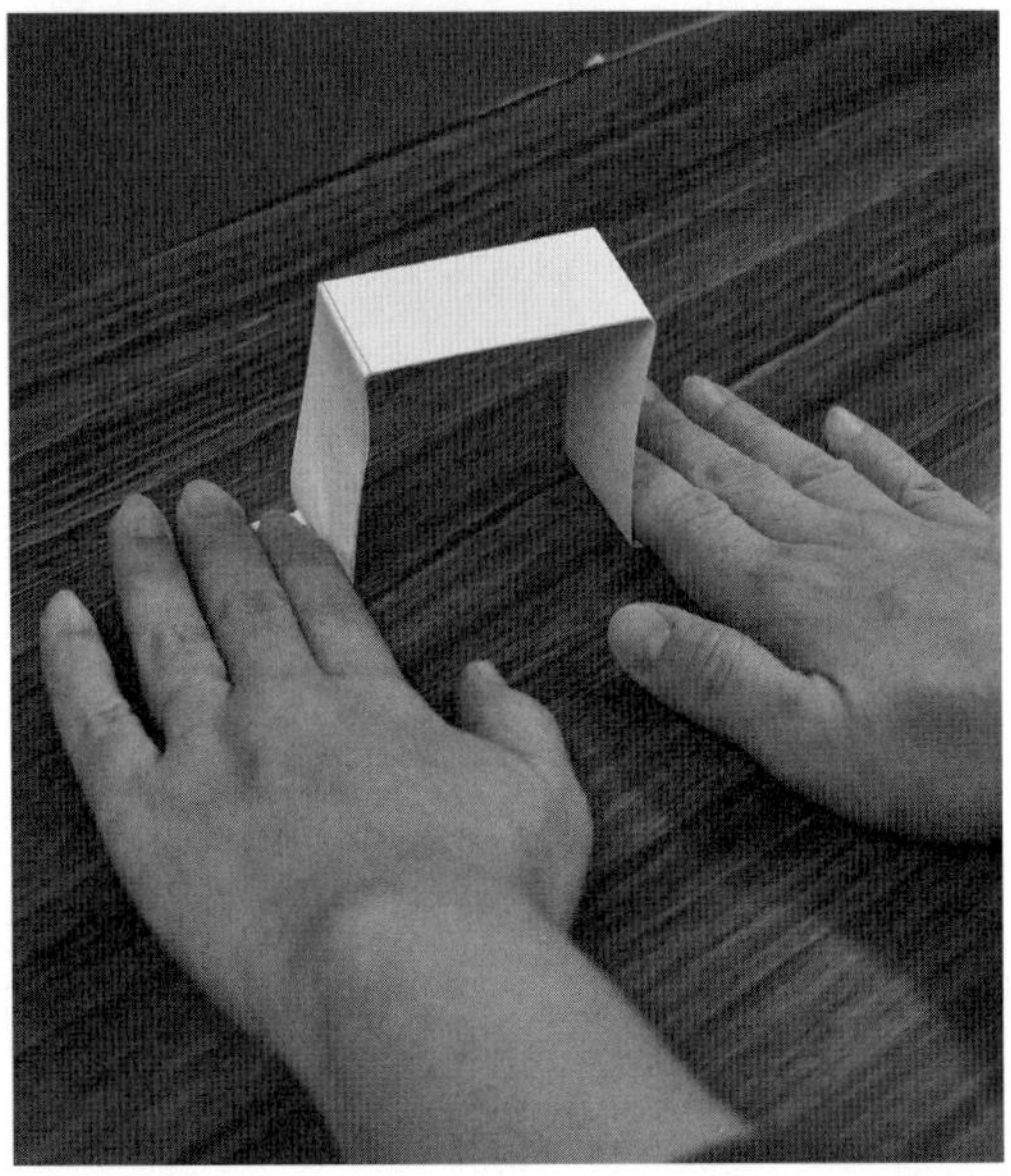

5 １つの模型に筋交いを入れる

建物の模型の１つに、型紙Ｃで切り出した短冊で、屋根（梁）と柱を斜めに結ぶように、筋交い（すじかい）を貼りつけます。

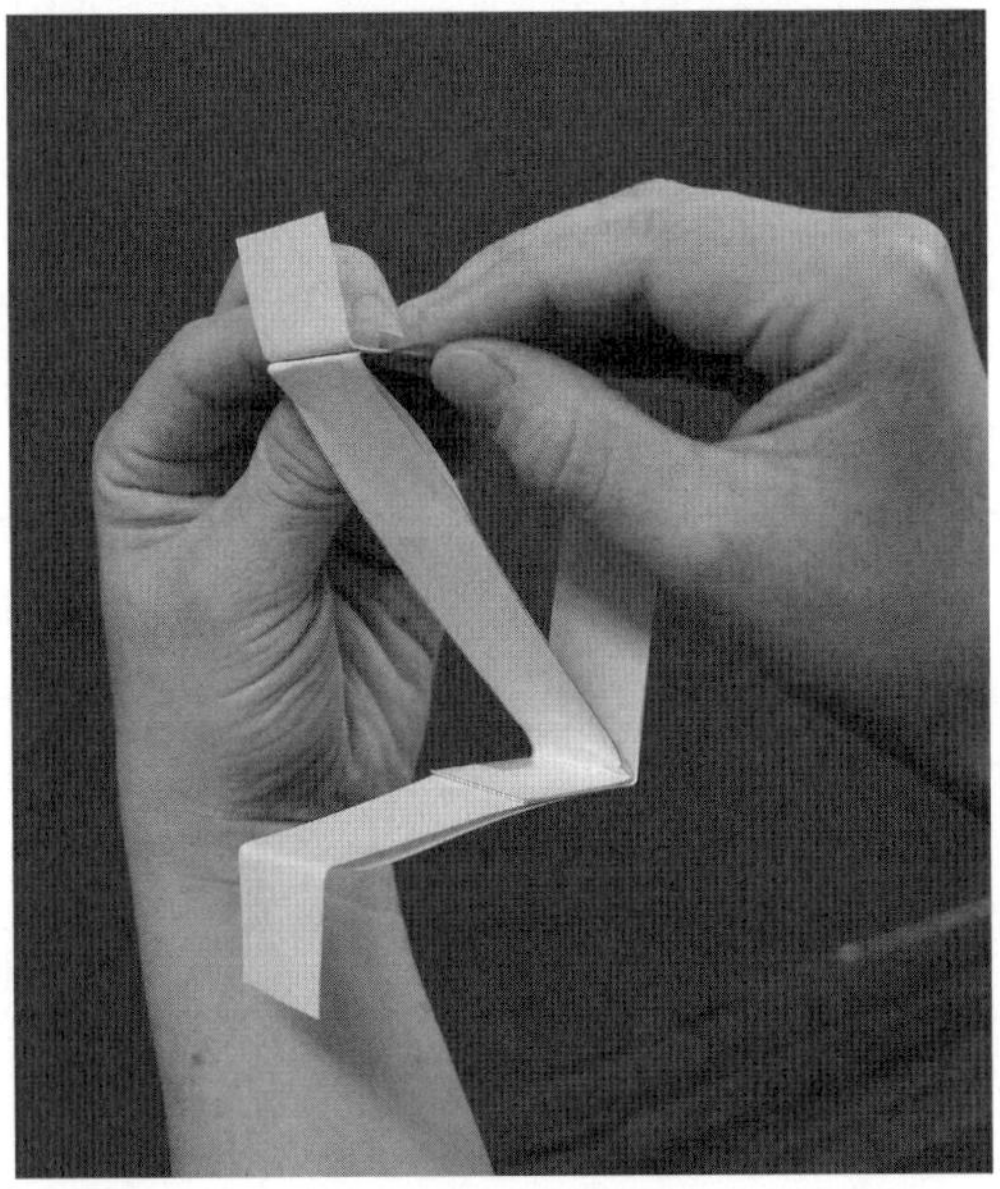

6 もう１つに心柱を取りつける

もう１つの建物模型には、型紙Ｂを切り出し、屋根（梁）の中央に取りつけます。このような部材は心柱（しんばしら）と呼ばれています。

7 ３つの建物模型を並べる

できあがった３つの建物模型を、大きな台紙に貼りつけます。柱の根本がずれないように、のりやセロハンテープでしっかりととめます。ここでは、左から「屋根（梁）と柱の型枠だけでできた建物」、「筋交いを取りつけた建物」、「心柱を取りつけた建物」の順に並べました。

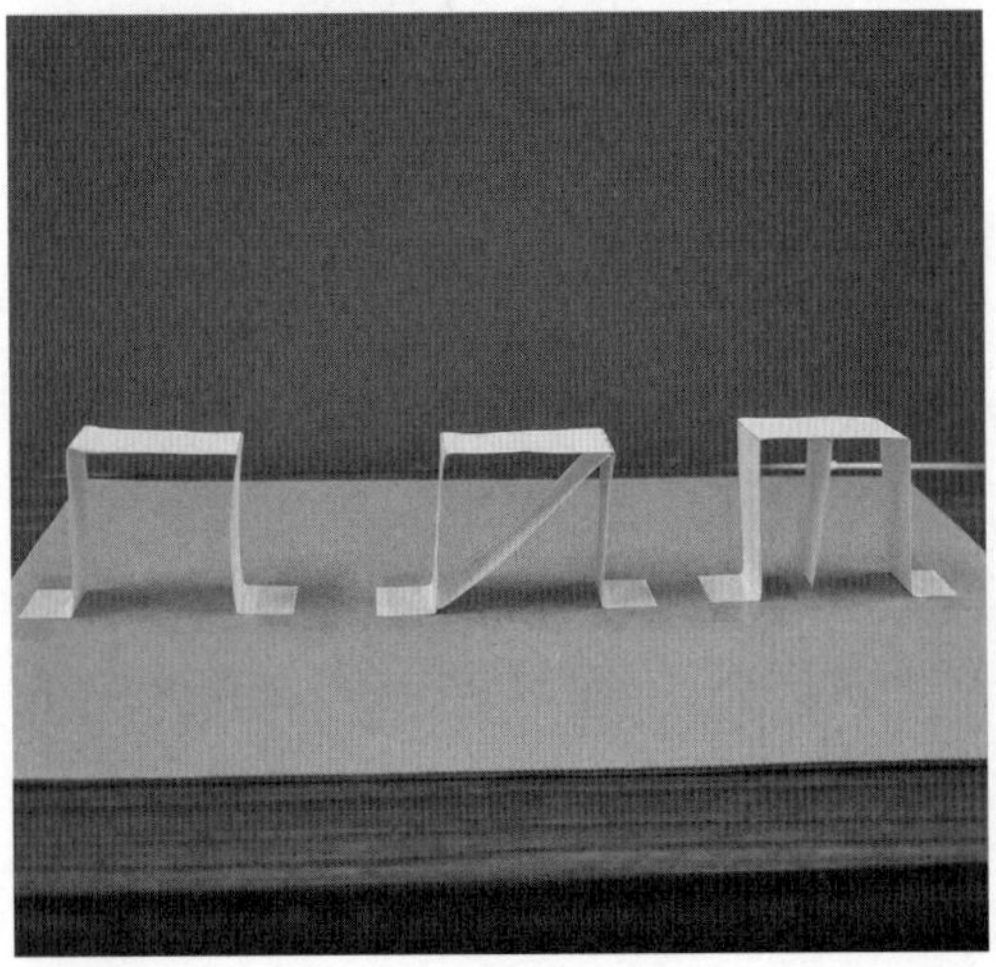

8 ワニぐちクリップを載せる

３つの建物模型の屋根の中央に、それぞれワニぐちクリップを載せます。実験のために、それぞれがほぼ同じ位置になるように載せてください。

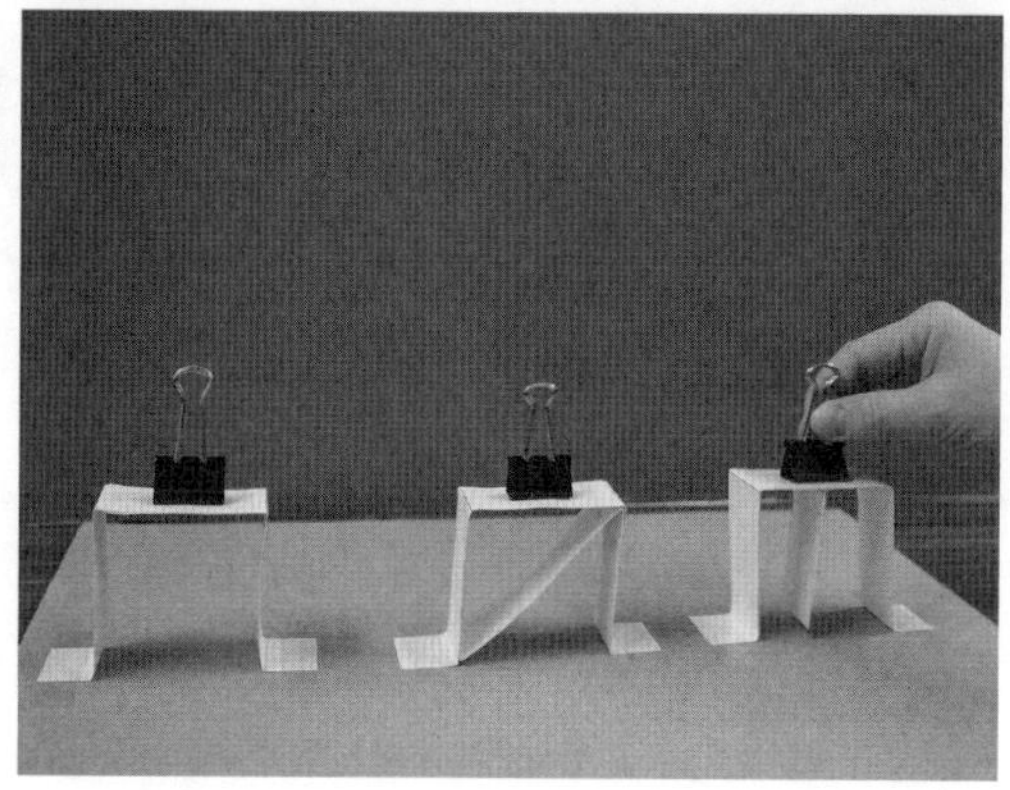

9 台紙を左右に揺らしてみる

建物模型が載っている台紙に両手を添えて左右に揺らします。地震を想定しているので、一定のリズムで、台紙を左右に揺れ幅５㎝ほどで往復させます。

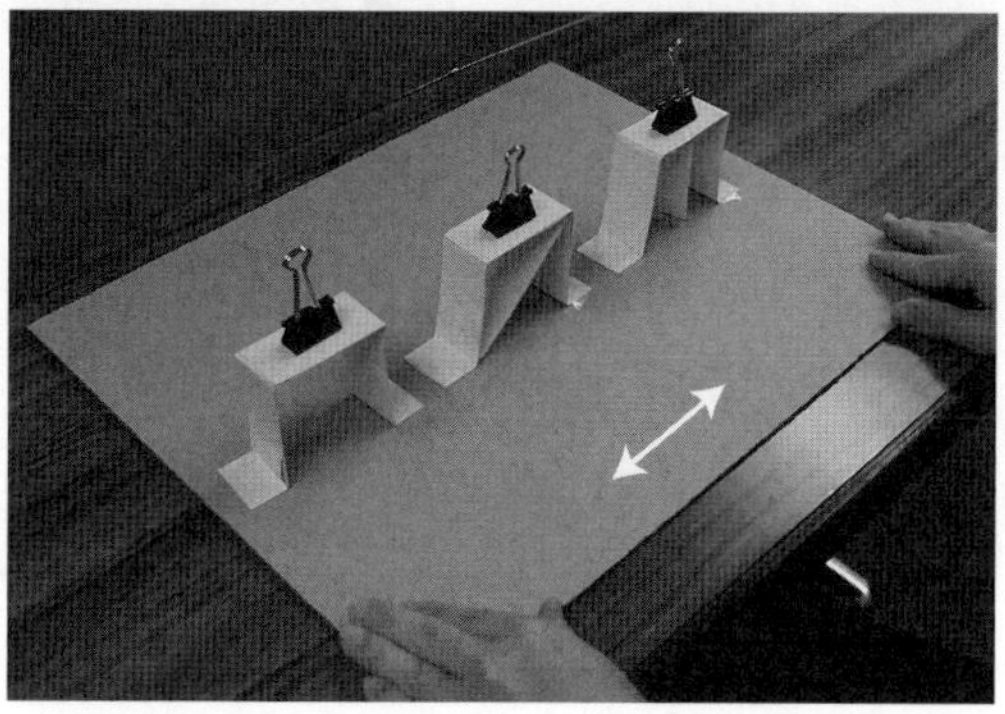

10 最初に落ちてしまったのは

台紙を揺らし続けていると、ワニぐちクリップは左右に動き始め、「屋根（梁）と柱だけでできた型枠だけの建物」が最初に落ちてしまいました。

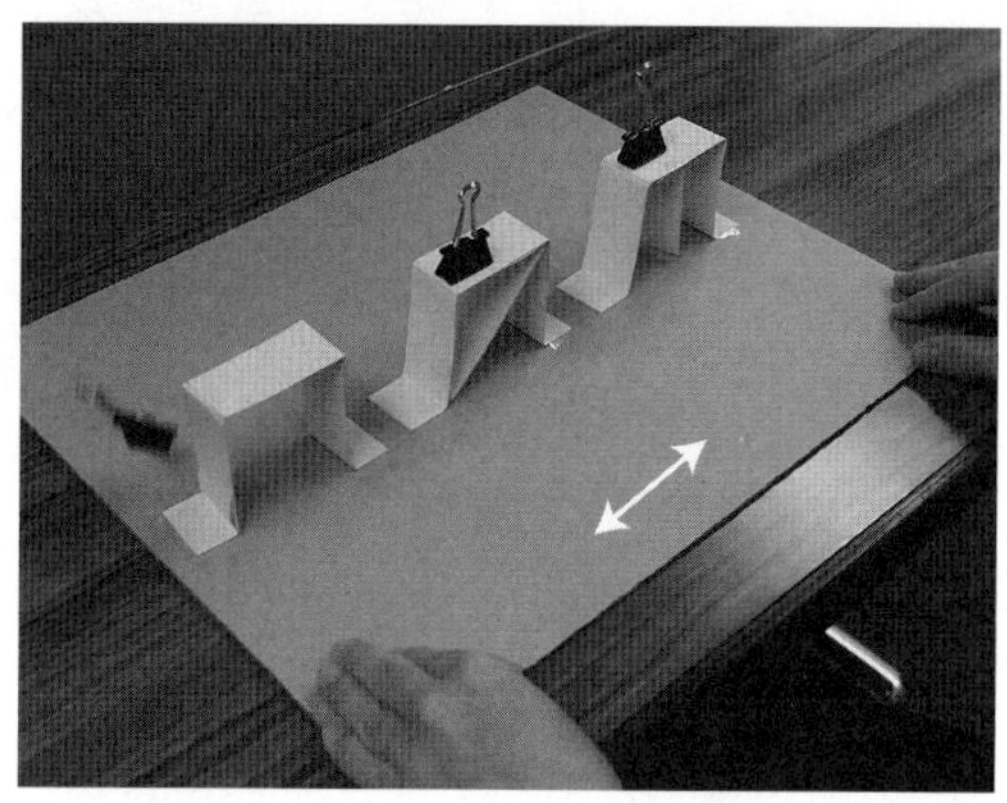

11 ２番目に落ちてしまったのは

さらに揺らし続けると、２番目に落ちてしまったのは「筋交いを取りつけた建物」でした。「心柱を取りつけた建物」はなかなか落ちません。

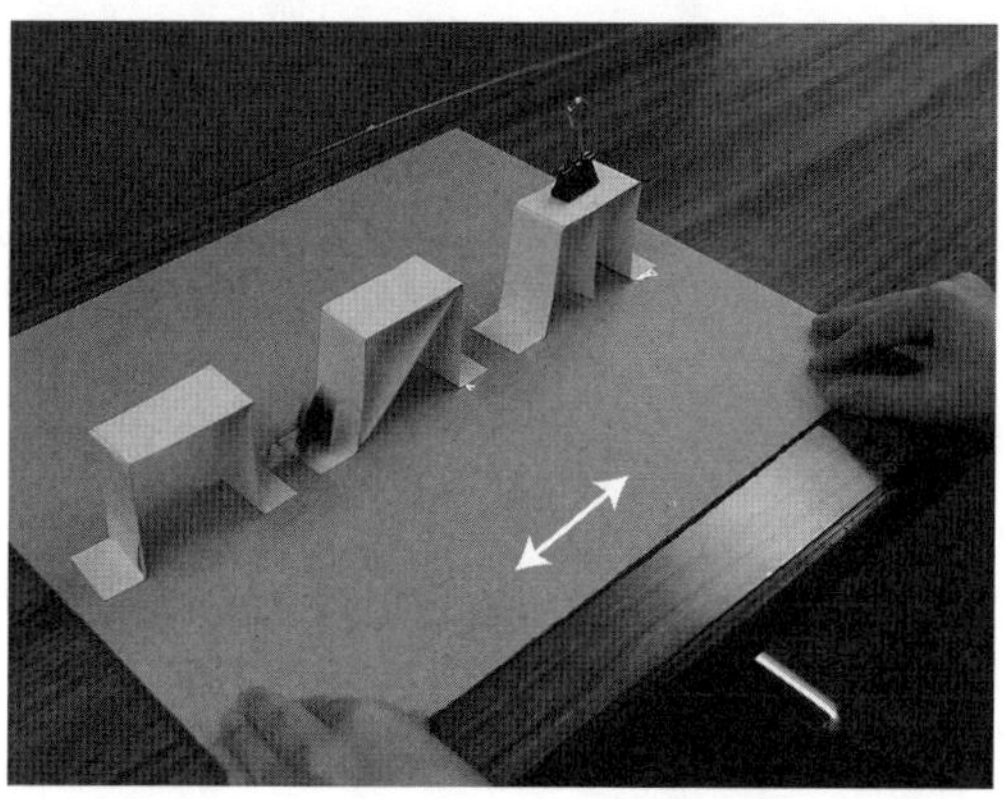

解説 強かったのは心柱

昔の人の知恵はすばらしかった

建物を地震から守るための手法には、建物自体を強くする「耐震」や、揺れを弱める「制震」があります。

型枠の対角線に筋交いを入れると、枠が補強されて変形しにくくなります。耐震構造の代表といえます。

一方、枠の天井から振り子のような心柱をぶら下げると、制震構造になります。型枠を揺らすと、心柱と型枠の揺れるタイミングがずれてきます。このずれが互いの揺れを打ち消しあって、揺れを弱めます。

心柱は法隆寺五重塔や東京スカイツリーにも使われています。法隆寺五重塔は1300年以上も前に創建されたもの。昔の人の知恵はすばらしいものだったのですね。

動画はこちら▶

建物模型を揺らす実験は、こちらの動画でご覧ください。

そうだったのか！

中学生のための経済学

山本謙三
オフィス金融経済イニシアティブ代表、東京大学教養学部卒、前NTTデータ経営研究所取締役会長、元日本銀行理事。

「経済学」って聞くとみんなは、なにか堅〜いお話が始まるように感じるかもしれないけれど、現代社会の仕組みを知るには、「経済」を見る目を持っておくことは欠かせない素養です。そこで、経済コラムニストの山本謙三さんに身近な「経済学」について、わかりやすくお話しいただくことにしました。今回は日常に潜むリスクと保険についてのお話です。

©トラノスケ/PIXTA

リスクと保険

私たちの生活では、日ごろ予期していない出来事がよく起きます。突然病気になる、道を歩いていて事故にあうといった不幸な出来事は、生活に大きな打撃を与えます。企業活動のなかにも、販売先が突然倒産して売り上げ代金を回収できなくなるなどの危険が潜んでいます。こうした危険を「リスク」と呼びます。リスクは、日々の生活や経済活動を続けていく限り、完全に逃れることはできません。むしろ、企業は積極的にリスクをとることで、初めて利益を得られます。重要なのは、リスクをとらないことではなく、リスクを適切な範囲にコントロールすることです。

みなで助けあう仕組み

「保険」はそうしたリスクコントロール手段の1つで、病気に備える「医療保険」や交通事故などでのケガに備える「傷害保険」、火事に備える「火災保険」、取引先の倒産などに備える「取引信用保険」など、多くの種類があります。

保険は、リスクを多くの人や企業で分かちあうことで、個人や企業の負担を軽減する仕組みです。例えば、ケガの際の入院や手術の費用を補填する「傷害保険」を考えてみましょう。大きなケガを引き起こす事故はだれにでも起きうるものですが、1人が事故にあう確率は必ずしも高くありません。そこで、多くの人で資金（保険料）を出しあい、運悪くケガをしてしまった人たちに資金を渡すようにすれば、みなが安心して日常生活を送れるようになります。重要なポイントは、保険に加入する人や企業の数が多いことです。加入者の数が少ないと、事前に計算した事故の確率と実績の間に差が生じてしまい、資金が足りなくなる事態も起きかねません。大勢ならば実績は当初の計算に近いものとなり、安定した保険の運営を行うことができます。

「保険会社」は、そうした仕組みの中心に位置し、加入者から保険料を集め、対象となる事故（病気やケガ）が発生する都度、加入者に保険金を支払う責任を持つ会社です。保険会社は、事故の発生確率を予測し、集めた保険料の総額と支払う保険金の総額がほぼ等しくなるように保険料の水準を設定しています。

一方、大地震のように、発生確率は低いものの、いったん発生すると巨額の損害が発生するリスクもあります。この場合、1つの保険会社ですべてを負担するのは大変難しいことです。そこで、こうした場合には、当初保険を引き受けた会社はさらに世界中の保険会社に参加を募り、保険を分担してもらうことでリスクを軽減しています。これを「再保険」と呼びます。

保険のおかげで、人々は安心して生活を送ることができ、企業は一定のリスクをとって事業活動を営めるようになりました。一見簡単な理屈に基づく仕組みですが、保険は社会と経済の発展に大きな役割を果たしています。

PICK UP NEWS
ピックアップニュース！

衆院本会議の首相指名選挙で第100代内閣総理大臣に選出された自民党の岸田文雄総裁（2021年10月4日・東京都）写真：EPA＝時事

今回のテーマ

自民党総裁に岸田氏

自民党の新総裁に岸田文雄氏が選ばれ、10月4日の臨時国会で第100代の内閣総理大臣に指名されました。

自民党の総裁は9月末に任期が切れましたが、菅義偉前首相は、告示前に、9月末に行われる総裁選に出馬しないとの声明を出しました。このため、同月17日に告示された同党総裁選には河野太郎、岸田文雄、高市早苗、野田聖子の衆議院議員4氏が立候補しました。自民党総裁選に複数の女性候補が出馬したのは今回が初めてです。4氏の争いとなった総裁選ですが、9月29日に都内のホテルで投開票が行われました。

1回目は国会議員各1票の382票（有効投票数380票）と、党員党友、約110万人の票を382票に圧縮した計764票で争われました。

1回目は岸田氏が256票、河野氏が255票、高市氏が188票、野田氏が63票をそれぞれ獲得しましたが、いずれも過半数の382票に届かなかったため、規定に基づき、1回目の投票で1位となった岸田氏と2位になった河野氏による決選投票が行われました。

決選投票は、都道府県連票が各1票の47票、それに国会議員票の382票（有効投票380票）を足した429票で争われました。

都道府県連票では岸田氏が8票、河野氏が39票と大きく差がつきましたが、国会議員票では岸田氏249票、河野氏131票で、合計では岸田氏257票、河野氏170票となり、岸田氏が過半数を大きく上回り、新総裁に選ばれました。

岸田氏は1957年、東京都生まれの64歳。父も祖父も衆議院議員という政治家一家で、小学校3年生までは父親の仕事の関係でアメリカで過ごしました。帰国後、開成高校から早稲田大学を出て銀行員になりましたが、1993年、父親のあとを継いで旧広島1区から衆議院議員に立候補して当選、自民党の党青年局長などを務め、第1次安倍内閣で内閣府特命担当大臣（沖縄及び北方対策担当など）、第2次、第3次安倍内閣で外務大臣、第3次安倍内閣（第2次改造内閣）で防衛大臣を歴任し、その後、党政務調査会長を務めました。

現在、衆議院当選9回です。岸田氏は原発容認、憲法改正賛成、女性宮家反対などがおもな主張で、保守穏健派ともいわれています。

ジャーナリスト **大野 敏明**
（元大学講師・元産経新聞編集委員）

思わずだれかに話したくなる

名字の豆知識

第22回

今回は

清水

清水はどこから湧いてきた？

全国20位の「清水」海なし県で多い？

　日本で多い名字、20位の「清水」は全国で約52万1００人、山梨で4位、群馬、長野で7位、富山で8位、福井で10位、滋賀で13位、埼玉、東京、石川で14位です（新人物往来社『別冊歴史読本　日本の苗字ベスト1００００』より）。

　山梨、群馬、長野、滋賀、埼玉など海に面していない「海なし県」で多いのが特徴です。第19回で取り上げた全国17位の「井上」でみた井戸が人工的な水源の確保とすれば、「清水」は自然の水源ということができるでしょう。清水は平地よりは山間部に多いでしょうから、それが名字にも反映されているのかもしれません。

　京都府の「清水寺」は「きよみずでら」ですが、名字の「清水」は普通、「しみず」と読みます。ですが、「清」に「し」という訓はありません。「清」には「すむ」という意味があり、これが「すむみず」と読まれ、「しみず」と転訛（てんか）したと考えられています。「きよみず」と読まれないために、「志水」と書く名字もあります。「志水」は日本で１２３８位、全国に約１万４１００人いると推定されています。

　「清水」は生活に欠かせない衛生度の高い飲料水の源泉であり、尊ばれ、そのありかが地名として定着し、その周辺に住んだ人々の名字として大姓になった地名姓です。

　地名としては静岡県に清水市がありましたが、２００３年に静岡市と合併して自治体としての清水市はなくなり、静岡市清水区となりました。自治体としては北海道上川郡清水町、静岡県駿東（すんとう）郡清水町があります。また、いずれも近隣の自治体との統廃合によりなくなっていますが、かつては愛知県、福井県、和歌山県にも清水町がありました。

　清水町、清水、あるいは清水を冠した大字（おおあざ）は全国に２００近くもあります。小字（こあざ）はそれ以上あるでしょう。また「清水」を下につけた、例えば「大清水」「小清水」などの地名もあります。高知県には土佐清水（とさしみず）市が、京都府には石清水八幡宮（いわしみずはちまんぐう）があります。

　江戸時代、「清水」という大名はいませんが、１５８２年、羽柴（はしば）（豊臣（とよとみ））秀吉（ひでよし）が毛利（もうり）方の出城、備中高松城を水攻めにしたときの城主は清水氏です。秀吉は城を水攻めにします。このとき、本能寺で主君、織田信長が明智光秀に討たれたとの情報が入り、秀吉は急遽、城主、清水宗治に切腹させて水攻めを解き、京に引き返します。これを中国大返しといいます。

この清水氏は桓武平氏といわれ、備中国賀陽郡清水村（現・岡山県総社市井手小字清水）が発祥とされています。子孫は江戸時代、長州藩の家老となり、1900年、清水資治が男爵を授けられました。

「清水」ではありませんが、清水谷という公家がいます。1884年、華族令が出て伯爵となった際の当主は清水谷実英。藤原北家閑院流の一派です。閑院流とは、この世の栄華を極めた藤原道長の父、兼家の弟、公季を祖とし、公家の最高階級である近衛、鷹司、一条、二条、九条の五摂家に次ぐ、九清華である西園寺、徳大寺、三条、菊亭などを出した一族です。

徳川御三卿の1つ清水家の由来とは

清水姓ではありませんが、徳川御三卿に清水家があります。御三卿とは8代将軍、徳川吉宗の子孫で、将軍家を継ぐことのできる家柄をさし、ほかに田安家、一橋家があります。初代は9代将軍家重の子の重好。屋敷が江戸城の清水門に近かったために、清水殿とか清水家と呼ばれましたが、名字はあくまで「徳川」です。清水門は現在の北の丸公園の北側に位置しています。

旗本の清水氏は10家。トップは書院番の清水権之助義安、1000石。最下位は清水弥八郎の50石です。

江戸末期から明治にかけての侠客に清水次郎長という人がいますが、これは現在の静岡県の清水港にいたためそう呼ばれたので、本名は山本長五郎です。

冒頭でも触れましたが、京都府には清水寺があります。正式には音羽山清水寺。東山三十六峰の1つ音羽山の中腹にあります。同寺の縁起によると、778年、賢心という僧が夢で北に向かうと金色の水脈があり、それをたどれと告げられ、その通りにすると清い湧き水にたどり着き、そこで出会った老仙人に授けられた霊木で観音像を作って祀ったのが始まり、となっているのだそうです。

名字のベスト20を見てきましたが、20位までで日本人全体の約15%、およそ1900万人です。21位から40位を紹介しましょう。山崎、池田、阿部、橋本、山下、森、石川、中島、前田、小川、藤田、岡田、後藤、長谷川、村上、石井、近藤、坂本、遠藤、青木です。

次回からは都道府県別に名字を調べてみましょう。

京都・清水寺
音羽の滝

ミステリーハンターQの タイムスリップ 歴史塾

カトリック
フランシスコ・ザビエル
(1506頃～1552)

プロテスタント
マルティン・ルター
(1483～1546)

宗教改革

今回は、16世紀に起こった宗教改革がテーマだ。ヨーロッパのキリスト教がカトリックとプロテスタントに分かれていく歴史の流れを勉強しよう。

静 宗教の問題が各地でクローズアップされているけど、中世のヨーロッパで起こった宗教改革ってなんなの？

MQ ルネサンスが最盛期を迎えた16世紀に、ドイツでマルティン・ルターが始めた改革だね。

勇 当時のキリスト教って、いまとはどんなふうに違っていたの？

MQ ヨーロッパはいまもキリスト教が盛んだけど、当時はローマ教皇庁が絶大な権力と権威を持っていて、諸侯といえども、反抗することができなかった。

静 なぜ、ローマ教皇庁は絶大な権力を持っていたの？

MQ ローマ教皇はイエス・キリストの1番弟子であるペテロの後継者とされ、この世におけるキリストの代理者と考えられていたからだよ。

勇 そんな当時のキリスト教社会で、どうして宗教改革が起こったの？　なにかきっかけがあったのかな。

MQ ローマ教皇庁はローマの大聖堂の建築資金を集めるため、免罪符（贖宥状）を発行したんだ。免罪符とは、購入すると、その人がこの世で行った罪を償えるとした証書のようなものだ。

静 それを買ったからって、罪が許されるわけではないと思うんだけど……。

MQ 当時はそう信じられていて、ローマ教皇庁はそれを売って大きな利益を得たんだ。だけど免罪符を買うだけで罪が許されるというのはおかしい、という議論が起こり、それを正面から言って改革を提唱したのが、大学で神学を教えていたルターだったんだ。また、フランスとスイスで、ジャン・カルバンも魂の救済は事前に決められているとして、免罪符を否定したんだ。

勇 ルターの前にはそういうことを言う人はいなかったの？

MQ キリストの教えは聖書が中心であるべきだとする聖書主義者らによる改革の動きがあったけれど、ローマ教皇庁によって、ことごとく弾圧されたんだ。

静 ルターやカルバンの運動はどうなったの？

MQ ローマ教皇庁の強い権力に反発していた諸侯や、教会の堕落や抑圧に批判的だった庶民もルターの運動を支持し、のちにプロテスタントとしてローマ教皇庁側のカトリックと、キリスト教を二分する存在になっていくんだ。また、カトリック側も反省し、これまでのローマ教皇庁のあり方を改める運動を起こした。その結果、イエズス会などを通じてアジアへの布教を進めるようになり、日本にも影響を与えることになるんだ。

ミステリーハンターQ（略してMQ）

米テキサス州出身。某有名エジプト学者の弟子。1980年代より気鋭の考古学者として注目されつつあるが本名はだれも知らない。日本の歴史について探る画期的な著書『歴史を掘る』の発刊準備を進めている。

山本 勇

中学３年生。幼稚園のころにテレビの大河ドラマを見て、歴史にはまる。将来は大河ドラマに出たいと思っている。あこがれは織田信長。最近のマイブームは仏像鑑賞。好きな芸能人はみうらじゅん。

春日 静

中学１年生。カバンのなかにはつねに、読みかけの歴史小説が入っている根っからの歴女。あこがれは坂本龍馬。特技は年号の暗記のための語呂合わせを作ること。好きな芸能人は福山雅治。

身の回りにある、
知っていると
役に立つかもしれない
知識をお届け!!

サクセス印のなるほどコラム

ロマンティックなマリトッツォ

最近すごくハマっている食べものがあるんだけど、なんだかわかる？

いきなりノーヒントで聞かれてもわからないよ。なんて食べものなの？

それはね……マ、マトリョーシカ!!

マトリョーシカ？　それって、ロシアの民芸品で、人形のなかから次々に小さい人形が出てくるアレのことだよね？　先生、人形を食べるの？

あれ？　違う？　えーっと、パンの間にたっぷりの生クリームが挟んであるスイーツなんだけど……マトリョーシカって名前じゃなかったっけ？

わかった！　それってもしかしてマリトッツォじゃない？

そう、それそれ！　マ、マト、じゃなくてマリトッツォ！

ハマってるのに名前をちゃんと言えないなんて……。先生、本当にハマってるの？？

本当だよ！　昨日も食べたし、週に1回くらいのペースで食べているかなあ。

そんなにおいしいの？

うん。それに、このスイーツは歴史からしてロマンティックなんだ。

歴史がロマンティックってどういうこと？

つまりね、マト……マト……。

マリトッツォね。

イタリア発祥のスイーツなんだけど、その歴史は古くて、古代ローマ時代までさかのぼるんだって。

“その”で誤魔化したね（笑）。古代ローマ時代っていつぐらいだったかな？

いまからおよそ3000年前くらいだよ。

3000年前!?

本来はスイーツというよりパンの一種だったみたいなんだ。

マリトッツォがパン？

うん。マリトッツォにクリームをはさんだものの正式名称は「マリトッツォ・コン・ラ・パンナ」といい、これはイタリア語で「生クリームをはさんだマリトッツォ」という意味なんだ。

へえ～。

ちなみにマリトッツォの語源には色々な説があるんだけど、その1つに、古代ローマでは、男性がマリトッツォのなかに指輪を入れて婚約者へ贈る風習があったらしいんだ。

それって、「結婚してください」ってプロポーズするときに、相手へ指輪を贈るみたいな感じ？

きっとそうだったんだろうなあ。なんだかロマンティックじゃない？

間違えて、なかに入れた指輪も食べちゃう人とかいなかったのかな？

きっと、マト、じゃなくてマリトッツォを受け取る側の女性も意識はしていただろうから、そんな不運はないと信じたいなあ。

そうだよね！

きみがいつかプロポーズするときに、こんなふうに指輪を忍ばせて贈ってサプライズしたら喜ばれること間違いなしだな！

う～ん……マリトッツォには忍ばせないかなあ（笑）。それにしても先生、さっきから言い間違えすぎじゃない？　先生のせいで、マリトッツォとマトリョーシカが混乱してきたよ。

あ、ごめん。今度おいしいマト、じゃなくてマリトッツォをごちそうするから許してよ。

もう先生は固い人形を食べてたらいいよ！　ぼくは甘くておいしいマリトッツォを食べるから。

中学生でもわかる

高校数学のススメ

高校数学では、早く答えを出すことよりもきちんと答えを出すこと、
つまり答えそのものだけでなく、答えを導くまでの過程も重視します。
なぜなら、それが記号論理学である数学の本質だからです。
さあ、高校数学の世界をひと足先に体験してみましょう！

written by
湯浅 弘一
ゆあさ・ひろかず／湘南工科大学特任教授・
湘南工科大学附属高等学校教育顧問

Lecture! 絶対値とルートの記号

絶対値の記号について確認しましょう。絶対値とはズバリ！
「$|a-b|$とは数直線上のaとbの距離を表す」 このひと言につきます。
距離だから０以上になります。

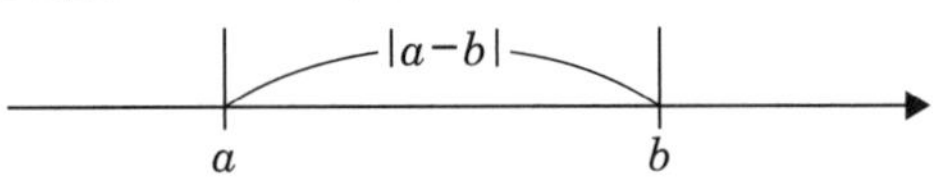

$a \leqq b$のときは上の数直線から$|a-b|=b-a$になります。

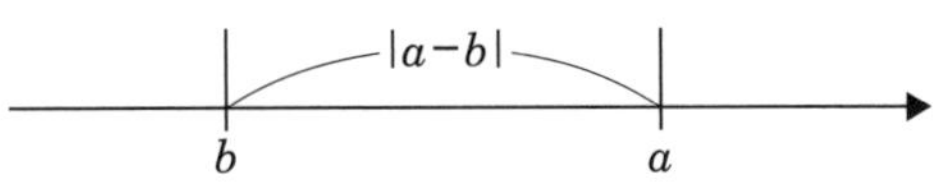

$b \leqq a$のときは上の数直線から$|a-b|=a-b$になります。
ということは、$|-5|=|0-5|$ですから、０と５の距離を表しているので、
$|-5|=5$と求まるわけです。
文字式でも同じように考えて、$a \geqq 0$とすれば
$|-a|=|0-a|$だから、０とaの距離を表すので$|-a|=a$
$|a|=|a-0|$だから、これも０とaの距離を表すので$|a|=a$になります。
絶対値はプラスとマイナスを取ればいい！　というのはあながち間違ってはいませんが、高校に入ってからそのやり方では困ることもあります。この機会に正しく意味を理解してください。

今回学習してほしいこと

絶対値とは数直線上の２点間距離を表す。

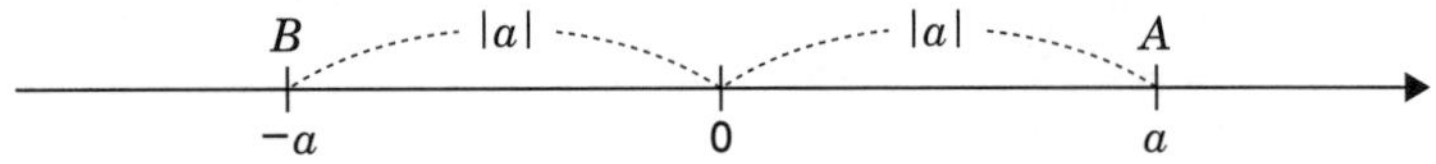

一般に$|a|=\begin{cases} a\ (a \geqq 0) \\ -a\ (a \leqq 0) \end{cases}$と表すことができる。

さあ、さっそく練習です！　左ページに中級、上級、初級の順に３つのレベルの類題を出題していますので、チャレンジしてみてください。

練習問題

中級

xが$0 \leqq x \leqq 1$を満たすとき
$\sqrt{x^2-2x+1}+x-1$を簡単にしなさい。

上級

$\sqrt{x^2-4x+4}+\sqrt{x^2+4x+4}=4$
となるxの範囲を求めよ。

初級

xの方程式
$|x-3|=5$を解け。

解答・解説は次のページへ！

解答・解説

中級

まず、ルートの記号について確認しましょう。

“$\sqrt{100}$の値を求めなさい”……これは簡単だと思います。

なぜなら$\sqrt{100}=\sqrt{10\times10}=10$ですからね。

一般に$a\geqq0$のときに$\sqrt{a^2}=\sqrt{a\times a}=a$が成り立ちます。

では、もう1問。“$\sqrt{a^2}$の値を求めなさい”は？

最初の問題とどこが違うのでしょう？　それは、aに制限がないのです。最初の問題は$a\geqq0$限定です。

正解は$\sqrt{a^2}=|a|$です。

ここで$\sqrt{a^2}=a$と書いた場合は、不正解というより不十分なのです。

なぜなら、ルートの記号にはルートのなかの数字は0以上であるというルールがあります。

ですから、例えば、仮に$a<0$の場合として$a=-2$とすると、

$\sqrt{a^2}=\sqrt{(-2)^2}=\sqrt{4}=\sqrt{2\times2}=2$と求まります。

これは$\sqrt{a^2}=a$ではなくて$a=-2$ですから、$\sqrt{a^2}=|a|=|-2|=2$です。高校ではより正確な表記が求められます。

となると……

$\sqrt{x^2-2x+1}+x-1$

$=\sqrt{(x-1)^2}+x-1$

$=|x-1|+x-1$

ところで$|x-1|$はxと1の距離を表しますから、$0\leqq x\leqq1$の場合、xが1より数直線上で左側に来るため$1-x$になるから、

$\sqrt{x^2-2x+1}+x-1$

$=|x-1|+x-1=1-x+x-1=0$

答えは**0**です。

答え　0

上級

左辺$=\sqrt{x^2-4x+4}+\sqrt{x^2+4x+4}$
$=\sqrt{(x-2)^2}+\sqrt{(x+2)^2}$
$=|x-2|+|x+2|$
これは、$|x-2|$がxと2の距離で
$|x+2|=|x-(-2)|$が、xと(-2)との距離ですから、

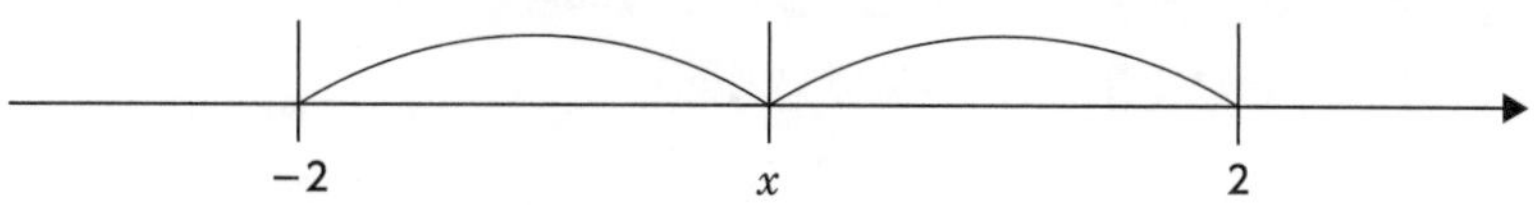

上の数直線のこの位置にxがあるとすると、
距離の和がちょうど4になるのです。
したがって、正解は$\boldsymbol{-2 \leqq x \leqq 2}$です。

答え $\boldsymbol{-2 \leqq x \leqq 2}$

初級

数直線で考えてみましょう。
$|x-3|$とは、xと3との距離です。
この距離が5になる場所は？

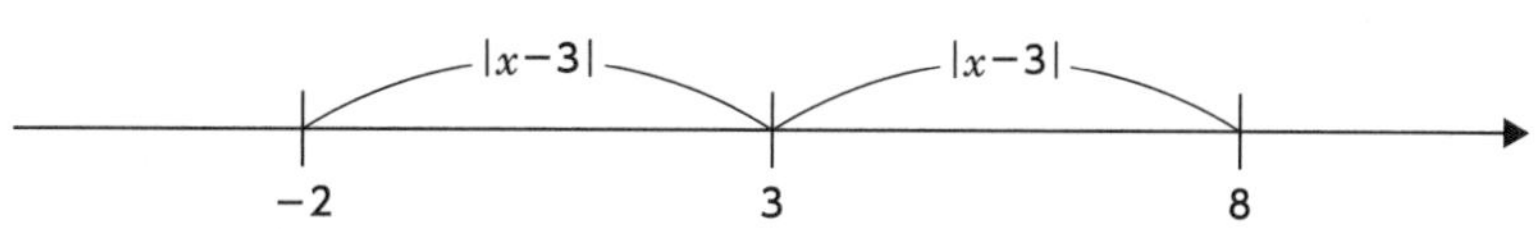

上の数直線から、$x=-2$、8とわかります。

[注意！]計算でもできます。絶対値が5になるということは、絶対値のなかの数が±5ということですから、$|x-3|=5$より、$x-3=\pm5$になるので、これを解いて$\boldsymbol{x=-2}$**、8**と求まります。

答え $\boldsymbol{x=-2}$**、8**

Success Book Review

「雲も空も光も」天気は不思議がつまった宝箱

今月の1冊

『すごすぎる 天気の図鑑』

空の不思議がすべてわかる!

著／荒木健太郎
刊行／KADOKAWA
価格／1375円（税込）

この10月、気候変動の研究を続けてきた気候科学の第一人者、真鍋淑郎さん（90歳）がノーベル物理学賞を受賞して、気候や気象の変化に興味を持った中学生も多いのではないだろうか。

ここに紹介する1冊は、もっと身近でとっつきやすい「天気」について、様々な現象の成り立ちをわかりやすく解いた本だ。でも真鍋さんがノーベル賞を受けるきっかけとなった二酸化炭素などの温室効果ガスの増加が、地球温暖化に大きく関係していることにも、ちゃんとページが割いてある。

著者の荒木健太郎さんは、気象庁気象研究所に勤める雲研究者。映画「天気の子」の気象監修や、10月末まで放送していたNHK連続テレビ小説「おかえりモネ」への気象資料提供でも知られている。

そんな著者が、多くの人に気象に関心を持ってもらいたいとまとめたのがこの本。だから、雲の種類が細かく分類すると100種類以上あること、虹は半円形ではなくてじつは円いこと、近年の豪雨、線状降水帯、台風、巨大積乱雲「スーパーセル」や大雪にまつわる話題など、「へぇ〜」と思ってしまうことが盛りだくさんだ。

「図鑑」と銘打っているだけに、各ページにはカラー写真やイラストがふんだんにちりばめられている。

雪の結晶や氷のツブは121種類あることなんて知らなかったけど、その形がすべてイラストになって載っているし、「返す刀」で次のページにはスマートフォンで、雪の結晶を撮影する方法までが説明されているから、思わずやってみたくなる。

いま登校前に毎朝、気象予報士でもないのに、天気を予想しながら送り出してくれるお母さんも多いんじゃないかな。

気象予報士試験は合格率5%の狭き門。それでも、いま全国で1万人以上が合格、10代の資格取得者もいる。この本を読むとお母さんに対抗して、挑戦してみたくなる人もいるだろう。大丈夫、気象予報士についてもしっかり書いてある。

サクセス映画館

外はひんやり、心はぽかぽか

スモールフット

2018年／アメリカ
監督：キャリー・カークパトリック

「スモールフット」
DVD発売中
価格：1,572円（税込）
発売元：ワーナー・ブラザース ホームエンターテイメント
販売元：NBC ユニバーサル・エンターテイメント

デジタル配信中、Blu-ray＆DVDセットも発売中

驚くべき伝説の生物との出会い

大きな身体に優しい心を持ったイエティのミーゴ。人里離れた雪深い村で暮らすミーゴらイエティは、人間のことを「スモールフット」と呼び、伝説の生物だと考えていました。ある日、人間と遭遇したミーゴは「スモールフットと出会った」と話すものの、だれも信じてくれません。そこで人間が実在することを証明するため旅に出て、人間のパーシーを連れ帰るのですが……。

イエティと人間が、それぞれを伝説の生物だと思い、互いに驚きあう様子がユニークに描かれた本作。言葉が通じないながらもきずなを深めていく両者の姿に心が温まります。

また、物語はミュージカル仕立てとなっており、様々な劇中歌も見どころの1つです。登場人物たちの気持ちが込められた歌詞にも注目してみてください。

グリンチ

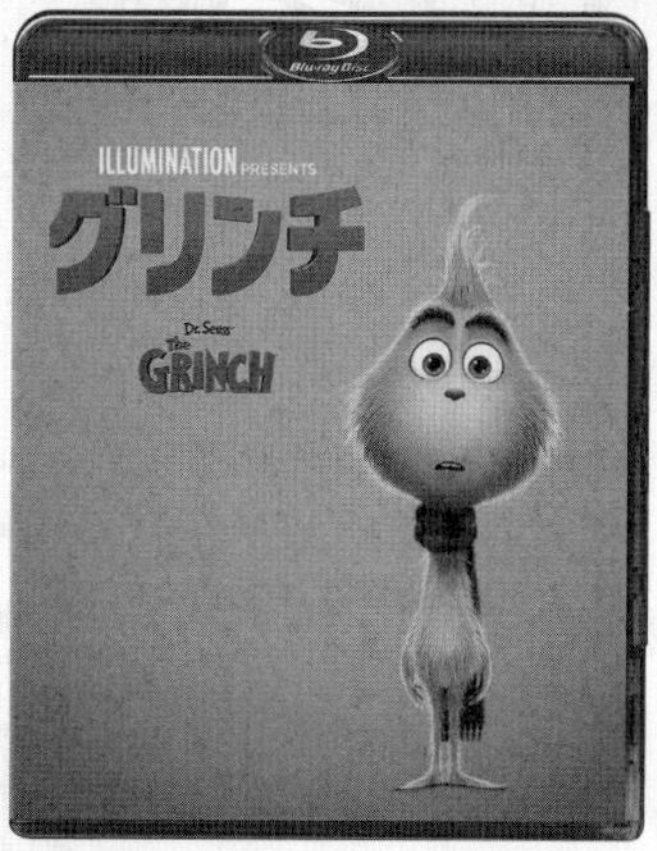

2018年／アメリカ
監督：スコット・モシャー、ヤーロウ・チェイニー

「グリンチ」
Blu-ray発売中
価格：2,075円（税込）
発売元：NBCユニバーサル・エンターテイメント
販売元：NBCユニバーサル・エンターテイメント
DVDも発売中

クリスマスに起こる大騒動

クリスマスが大好きな人々が住むフーの村。12月に入り、いよいよクリスマスの準備に忙しそうです。ところが主人公のグリンチは、クリスマスが大嫌い。例年にも増してクリスマスをお祝いしようと意気込むフーの村のクリスマスをぶち壊そうと「クリスマスを盗む」という、とんでもない計画を立てるのでした。

人間には意地悪な態度をとるのに、愛犬のマックスには優しく接するグリンチ。その姿から本当は優しい心を持っていることが伝わってきます。グリンチがそんな態度をとるようになった理由は、ある少女との出会いで次第に解き明かされていきます。そして彼女との出会いがグリンチの心を溶かしていくことにもなります。

色とりどりに装飾が施された村の様子も美しく、クリスマスの楽しい雰囲気が味わえる映画です。

アイス・エイジ

2002年／アメリカ
監督：クリス・ウェッジ

「アイス・エイジ」
ディズニー公式動画配信サービス、ディズニープラスで配信中

Blu-ray、DVDも発売中

氷上の旅で芽生えたきずな

舞台はいまから約2万年前の氷河期。動物たちは温暖な土地を求めて、南へ大移動しています。そんななかなぜか北へ向かうマンモスのマニーは、道中で助けたナマケモノのシドに懐かれて行動をともにすることに。

歩みを進めるなかで、人間の赤ちゃんと出会ったマニーとシドは、サーベルタイガーとの争いに巻き込まれて母親を亡くしたその赤ちゃんを、父親の元に送り届けることにします。道案内を申し出たサーベルタイガーのディエゴも加わり旅を始めますが、ディエゴはボスからある指令を受けていて……。

種族も性格も異なるため、最初はギスギスしていた3匹ですが、赤ちゃんをともに守り、育てるなかで、徐々に心を通わせていきます。くすりと笑えるシーンも盛り込まれた彼らの冒険をぜひご覧ください。

8月号の答えと解説

解答　試金石（しきんせき）

解説

しりとりは、急転直下→下剋上→上級生→生徒→徒歩→歩行者天国→国連→連立方程式→式次第→第六感→感傷→傷口→口頭試問→問屋→屋根裏→裏表→表面化→化石燃料→料金所→所在地→地下水→水墨画→画一→一獲千金、の順に進み、パズルを完成させると、右のようになります。

急	転	直	下	剋	上	級
傷	口	頭	試	問	屋	生
感	在	地	下	水	根	徒
六	所	千	金	墨	裏	歩
第	金	獲	一	画	表	行
次	料	燃	石	化	面	者
式	程	方	立	連	国	天

解答の「試金石（しきんせき）」は、金など貴金属の鑑定に用いられる石英質の硬い黒色の石。表面に調べる金をこすりつけて線を描き、その線の色を標準のものと比較して純度を判定します。

また、そこから転じて「物の価値や人物の能力などを評価するために試みる物事」という意味で使われます。例えば、「この試合でのめざましい活躍は、彼女の実力を示す試金石となった」「来週の補欠選挙は、新政権の今後を占う試金石になるだろう」などと使います。

＊言葉の解説

・急転直下…「急転」は「急激に変化すること」、「直下」は「真下、まっすぐに下りること」を表し、「物事の事態や情勢が突然に変化して、解決や結末に向かうこと」を意味する。

・傷口に塩を塗る…悪いことの上に、さらに悪いことが重なることのたとえ。類義語に「泣きっ面に蜂」「踏んだり蹴ったり」「弱り目に祟り目」など。

・一獲千金…一度にやすやすと大きな利益を得ること。「一獲」は本来「一攫」と書き、「ひとつかみ」を意味する。「千金」は「大金・大きな利益」を表す。

今月のプレゼント！

「ベンガ君」と効率的に勉強しよう

受験勉強も大詰めの時期を迎え、過去問をはじめとした実戦形式の問題にも熱心に取り組んでいるところではないでしょうか。そんなみなさんの「相棒」になるであろうタイマーをご紹介します。

「デジタルタイマー　ベンガ君」（弊社通販部）は、カウントダウン、カウントアップ機能を備えたシンプルで使い勝手のいいタイマー。スタンドで立てかけたり、マグネットで貼りつけたりして使用できるため場所をとりません。また、消音モードならライトの点滅で時間を知らせてくれるので、図書館や自習室など静かな場所でも安心して使えます。10秒、1分、5分、10分のボタンがついており、学習内容に合わせて簡単に調整可能。持ち歩きにも便利な８センチ四方のものを３名さまにプレゼントします。

3名さまに

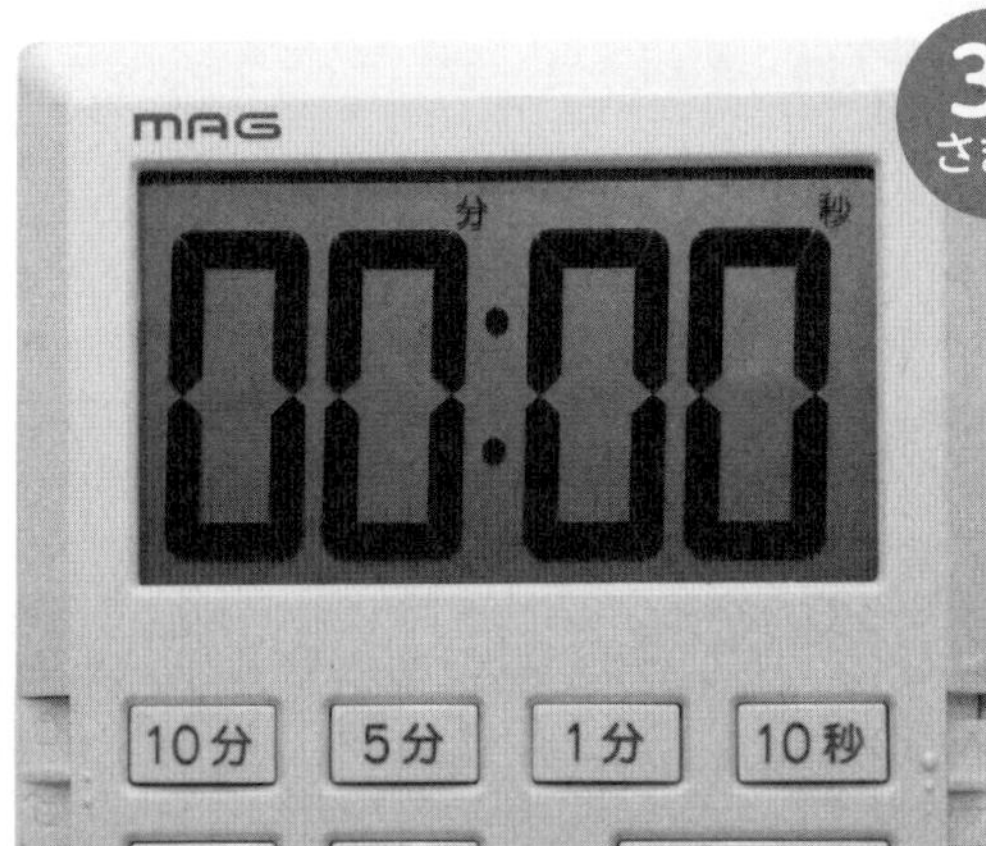

今月号の問題

足し算ナンプレ

□の中に、1～6までの数字を下のルールに従って入れましょう。パズルが完成したら、2か所の▣に当てはまる数の和を答えてください。

ルール1

タテ・ヨコのどの列・どの行にも1～6までの数字が1回ずつ使われるよう入れます。

ルール2

色がついたマスにある数字は、その色がついたマスの周囲にある4つの□の合計を表しています。

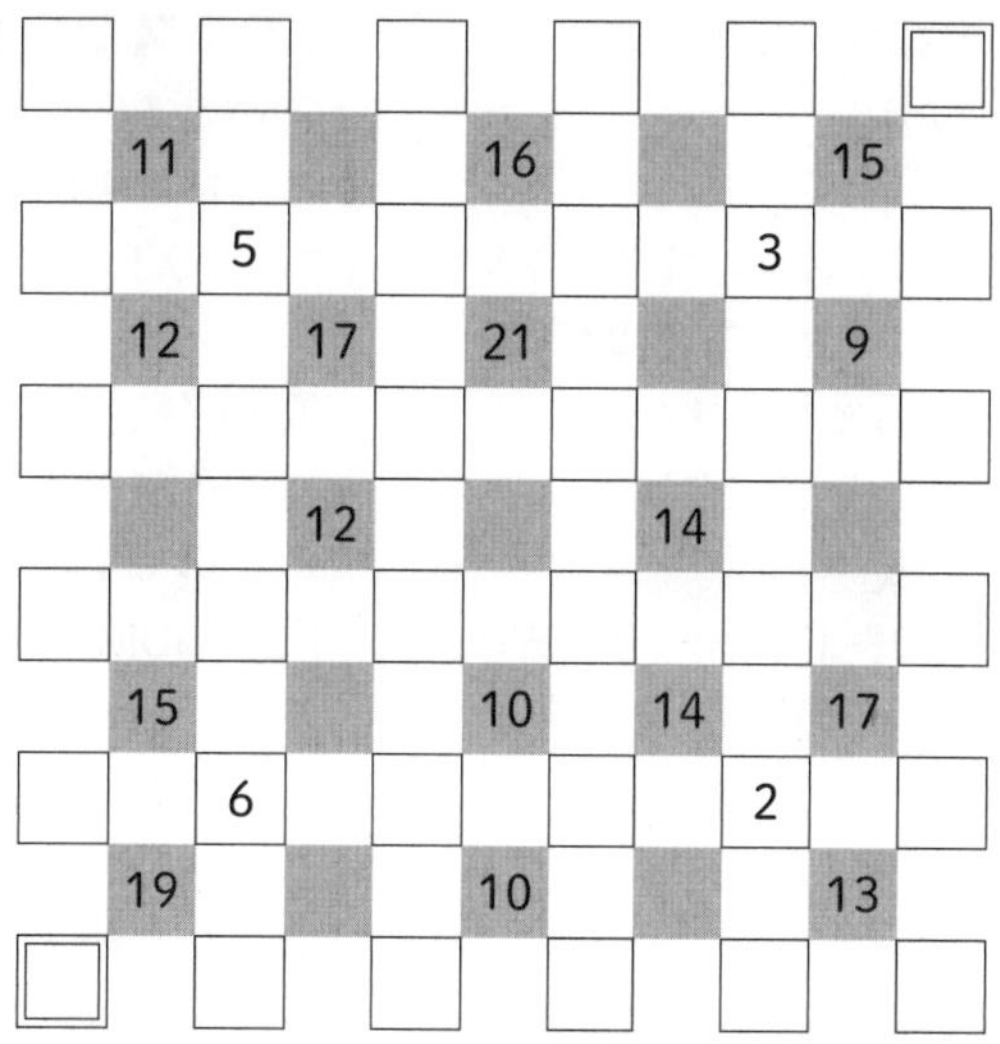

(解き方のヒント)

※色がついたマスの上から2行目、左から3列目の「21」に注目します。周囲にある4つの□に入る数字の組みあわせは、ルール1、2に従うと4、5、6、6の1通りしかありません。また、「21」のマスから右に2つ目の「9」のマスの周囲にある4つの□に入る数字のうち、左上の「3」以外の数字の組みあわせに注目しながら、上から2行目と3行目の□に入る数字から考えていくとよいでしょう。

応募方法

下のQRコードまたは104ページからご応募ください。
◎正解者のなかから抽選で右の「**デジタルタイマーベンガ君**」をプレゼントいたします。
◎当選者の発表は本誌2022年4月号誌上の予定です。
◎**応募締切日 2021年12月15日**

8月号パズル当選者(全応募者35名)

伊藤　達哉さん(中3・東京都)
及川　翠さん(中2・埼玉県)
小川新之助さん(中3・千葉県)
佐藤　佑哉さん(中2・神奈川県)
杉本龍太郎さん(中3・埼玉県)
田中　大誠さん(中1・千葉県)
藤原　圭汰さん(中2・埼玉県)
矢野　壮真さん(中1・神奈川県)
山田　琴子さん(中2・東京都)
吉野　翔太さん(中1・東京都)

読者が作る おたよりの森

テーマ
我が家のユニークな習慣

寝る前に**「今日あったおもしろい話」**を全員１つずつ披露する。なにもなかったように思える日も、意外とおもしろい出来事が起こっているんだなぁと気づけて楽しい。
（中１・I.Y.さん）

うちのクリスマスは洋食のチキンとかじゃなく、なぜか**すき焼きを食べる**と決まっています。
（中２・すき焼き好きさん）

家族と金曜ロードショーを見るときは、CM中に**次の週になにをやるか**当てるクイズが始まる。
（中３・ジブリ派さん）

朝６時半に家族で**ラジオ体操**をする。コロナ禍になって運動不足だからと親が急に始めた。最初はめんどくさかったけど、続けているうちに割と癖になってきてる。
（中１・第一さん）

水曜日に必ず家族みんなで**シュークリーム**を食べること。
（中２・ふわもこさん）

半年に１回、**プチ避難訓練**をする。防災備品をチェックしたり、もしものときの集合場所を確認したり。
（中３・SONさん）

テーマ
やってみたいスポーツ

家の近くに専用競技場ができたので、俄然**スケートボード**が気になっています。ファッションも含めてかっこいい選手が多い！
（中３・O.T.さん）

高飛び込みはあの短い時間でどんな景色がみえるのか、一度体験してみたいです。
（中２・JUMPさん）

『サクセス15』の部活動を紹介するコーナーで、ついこの間取り上げられていた**薙刀**（なぎなた）！
（中１・あさひなぐさん）

兄が高校から始めた**ラグビー**部が楽しいと言っているので、ぼくも高校生になったらやってみたい！
（中３・スクラムハーフさん）

カーリング。あの掃除をしているかのような感じが楽しそう。
（中２・R.U.さん）

オリンピックで**馬術**を見てから、乗馬へのあこがれが強いです。
（中１・馬で駆け抜けたいさん）

テーマ
１人時間の楽しみ方

仮面ライダー好きなので、動画を見ながら、**変身ポーズを習得する**こと。後日友だちに披露してます！
（中３・リバイス面白いよ？　さん）

だれにも内緒だけど**小説**を書いています。完成したらみんなをアッと驚かせたい。
（中２・文学部志望！　さん）

飼っている**猫と遊ぶ**のがなによりの楽しみ。普段はそっけないのに、家に２人っきりだと甘えてくるから、だれも帰ってきてほしくない！
（中３・猫吸いさん）

休みの日に**どれだけ自分は眠れるのか**試してみた。10時間寝続けたので、今度は12時間をめざしたい。
（中２・ねむ子さん）

色々な種類の**お茶を淹れる**（い）。最近のマイブームは台湾産のウーロン茶。勉強の合間に、お茶の香りで癒されています。
（中３・自分で茶を摘みたいさん）

必須記入事項

名前／ペンネーム／学年／郵便番号／住所／本誌をお読みになっての感想／投稿テーマ／投稿内容

右のQRコードからケータイ・スマホでどしどしお寄せください！
住所・氏名は正しく記入してください

Present!! 掲載された方には抽選で３名に**図書カード**をお届けします！
（500円相当）

募集中のテーマ

「2022年に挑戦したいこと」
「冬になると食べたくなるもの」
「入試への意気込み」

応募〆切2021年12月15日

ここから応募してね！

ケータイ・スマホから
上のQRコードを
読み取って応募してください。

掲載にあたり一部文章を整理することもございます。個人情報については、図書カードのお届けにのみ使用し、その他の目的では使用いたしません。

夢が広がる高校選びの情報満載！

Success15

12月号

表紙：東京都立西高等学校

FROM EDITORS 編集室から

今回は身近になってきたVR技術に関する特集をお届けしました。コロナ禍で気軽に外出できない間に、博物館や水族館など、様々な施設が自宅にいながらにして楽しめるようになっていたなんて驚きですよね。コロナ禍が収束しても上手に利用していきたいものです。

楽しむといえば、「ワクワクドキドキ　熱中部活動」のコーナーで紹介した足立学園の理化部も印象的です。取材時に実験を披露してくれた生徒さんの楽しそうな様子に、こちらもまさに「ワクワク」しました。

さて、いよいよ冬本番。受験生は追い込みの時期となりました。願書についてのページも設けているので、受験生のみなさんはぜひ参考にしてください。　　　（H）

Next Issue　2月号

Special

いまからできるメンタル強化
入試直前
「心のスイッチ」点火術

知られざる時計の世界

Special School Selection

私立高校WATCHING

伸びてる都立

突撃スクールレポート

ワクワクドキドキ熱中部活動

※特集内容および掲載校は変更されることがあります。

Information

『サクセス15』は全国の書店にてお買い求めいただけますが、万が一、書店店頭に見当たらない場合は、書店にてご注文いただくか、弊社販売部、もしくはホームページ（104ページ下記参照）よりご注文ください。送料弊社負担にてお送りします。定期購読をご希望いただく場合も、上記と同様の方法でご連絡ください。

Opinion, Impression & ETC

本誌をお読みになられてのご感想・ご意見・ご提言などがありましたら、104ページ下記のあて先より、ぜひ当編集室までお声をお寄せください。また、「こんな記事が読みたい」というご要望や、「こういうときはどうしたらいいの」といったご質問などもお待ちしております。今後の参考にさせていただきますので、よろしくお願いいたします。

サクセス編集室 お問い合わせ先

TEL : 03-5939-7928　FAX : 03-3253-5945

今後の発行予定

発行日	号
2022年1月15日	2022年2月号
2022年3月15日	2022年4月号
2022年5月15日	2022年6月号
2022年7月15日	2022年8月号
2022年8月15日	2022年夏・増刊号
2022年9月15日	2022年10月号

FAX送信用紙

※封書での郵送時にもコピーしてご使用ください。

101ページ「足し算ナンプレ」の答え

氏名

学年

住所（〒　　　－　　　）

電話番号

（　　　　　）

現在、塾に

通っている　・　通っていない

通っている場合

塾名

（校舎名　　　　　）

面白かった記事には○を、つまらなかった記事には×をそれぞれ3つずつ（　）内にご記入ください。

（　）05 仮想の世界をのぞいてみよう 自宅で楽しめる 身近になったVR
（　）12 Special School Selection 東京都立西高等学校
（　）20 私立高校WATCHING 明治大学付属中野高等学校
（　）24 ワクワクドキドキ 熱中部活動 足立学園高等学校 理化部
（　）27 やってきた スピーキング重視時代
（　）30「withコロナ入試」再び
（　）34 受験生のための明日へのトビラ
（　）36 突撃スクールレポート 立正大学付属立正高等学校
（　）38 突撃スクールレポート 春日部共栄高等学校
（　）40 スクペディア 共栄学園高等学校
（　）41 スクペディア 日本大学高等学校
（　）46 入学願書は合格への第1歩
（　）48 高校受験質問箱
（　）52 レッツトライ！ 入試問題
（　）56 帰国生が活躍する学校 成蹊高等学校
（　）58 中学生の未来のために！ 大学入試ここがポイント
（　）60 東大入試突破への現代文の習慣
（　）63 研究室にズームイン 東京大学史料編纂所 本郷和人教授
（　）72 現役東大生に聞きました 母校の魅力 早稲アカ大学受験部の魅力 日比谷高 編
（　）74 こちら東大はろくま情報局
（　）76 キャンパスデイズ十人十色
（　）81 耳よりツブより情報とどきたて
（　）82 マナビー先生の最先端科学ナビ
（　）84 なぜなに科学実験室
（　）88 中学生のための経済学
（　）89 ピックアップニュース！
（　）90 思わずだれかに話したくなる 名字の豆知識
（　）92 ミステリーハンターQの タイムスリップ歴史塾
（　）93 サクセス印のなるほどコラム
（　）94 中学生でもわかる 高校数学のススメ
（　）98 Success Book Review
（　）99 サクセス映画館
（　）100 解いてすっきり パズルでひといき
（　）102 読者が作る おたよりの森

FAX.03-3253-5945

FAX番号をお間違えのないようお確かめください

サクセス15の感想

高校受験ガイドブック2021 12 Success15

発　行：2021年11月15日 初版第一刷発行
発行所：株式会社グローバル教育出版　〒101-0047 東京都千代田区内神田2-5-2 信交会ビル3F
TEL：03-3253-5944
FAX：03-3253-5945
H　P：http://success.waseda-ac.net/
e-mail：success15@g-ap.com

郵便振替口座番号：00130-3-779535
編　集：サクセス編集室
編集協力：株式会社 早稲田アカデミー

【個人情報利用目的】ご記入いただいた個人情報は、プレゼントの発送およびアンケート調査の結果集計に利用させていただきます。